ELOQUENCE ART AND THE RELATIONSHIP FROM CARNEGIE

卡耐基口才艺术与处世智慧

[美]卡耐基◎著　李昊轩◎译

你只要往自己的周围望一望便会发现，没有哪种商业、社交、政治、事业，甚至社区里的活动，能够离得开走向前台开口说话。

——[美]卡耐基

中国商业出版社

图书在版编目（CIP）数据

卡耐基口才艺术与处世智慧／（美）卡耐基（Carnegie，D.）著；李昊轩译．—北京：中国商业出版社，2012.8

ISBN 978-7-5044-7870-2

Ⅰ.①卡… Ⅱ.①卡… ②李… Ⅲ.口才学-通俗读物 ②心理交往-通俗读物 Ⅳ.①H019-49 ②C912.1-49

中国版本图书馆 CIP 数据核字（2012）第 197265 号

责任编辑：张振学

中国商业出版社出版发行
010-63180647 www.c-cbook.com
（100053 北京广安门内报国寺1号）
新华书店总店北京发行所经销
北京毅峰迅捷印刷有限公司
*
710×1000 毫米 16 开 15 印张 140 千字
2012 年 10 月第 1 版 2017 年 1 月第 2 次印刷
定价：32.00 元
* * * *
（如有印装质量问题可更换）

序言

获得成功的捷径

1912年，“泰坦尼克号”巨型海轮沉没在北大西洋冰海。正是在那一年，我开始教授当众说话这门课程，我当时的任务是为纽约基督教青年会夜校讲授公开演讲课。那段经历对我来说是非常宝贵的，因为，它使我积累了丰富的关于说话的知识，并促成了我的口才培训班的诞生。

在纽约为商业界和专业人员开班时，我逐渐了解到，学员们不仅需要在说话方面受到训练，还迫切需要掌握日常商务和社交中与人交流的艺术。因为人们除了渴望健康以外，最需要的便是改善人际关系，学会为人处世的技巧，而这一切又都是以说话为前提和手段的。于是，我决定在这方面进行深入的研究，并因此最终总结出一套比较全面实用的课程，这是很有意义的事情。“沉默是金”的谚语，应随时代的变迁而重新评估，因为如何发挥语言的魅力，决定了现代人能否通过展现口才，赢得朋友，从而走向成功。

在我的培训班开课之前，我曾做过一个调查，让人们说出上课的原因以及希望从这种口才培训课程中获得什么。调查的结果令人吃惊，大多数的人中心愿望与基本需要都是一样的，他们的回答是：“当人们要我站起来讲话时，我觉得很不自在、很害怕，这使我不能清晰地思考，不能集中精力，不知道自己要说的是什么。”所以，我想获得自信，能泰然自若地面对听众，当众站起来，能随心所欲地思考，能依逻辑次序归纳自己的思想，能在公众场所或社交人士的面前侃侃而谈，做到明晰且有说服力是每个人都渴望的。而且我也深信这种渴望的热切程度，对于一般人而言，当你站在听众的面前时，的确不能像坐着的时候那样细致地思考，但请相信我，这种现象是可以通过训练加以改善的。更重要的是，你一定要按照我所说的方法进行训练。

这就是我经常与人们分享的经验，而这些东西都是无数美国人所渴求的东西。事实上，有许多前来听讲的人已经30多年没有进过教室，他们通过对社会学与心理学知识的学习，对人性进行了深刻的剖析，并产生深刻地心理共鸣。在课程中，许许多多的普通人通过奋斗获得成功的真实故事，激励了无数陷入迷茫和困境中的人们重获幸福的人生。这其中不乏社会名流、军政要员，甚至包括几位美国总统。每每回忆起这些令人热血沸腾的授课情景，我自己都会陷入莫名的感动之中。

事实的确如此，我们每一天的祸福悲欢，往往决定于我们的言语和交往。本书以口才与社交为基点，把语言与人性有效地结合在一起，旨在传授人们如何运用口才在社会交往中立于不败之地。同时，这还是一本旨在教会人们如何克服畏惧、建立自信，扩展自己人脉关系的书。其价值就在于通过各种有效的训练提高主宰一个人成功的决定性因素，顺乎自然地发挥自己的潜在智能，在各种场合下发表恰当的谈话，博得赞誉，获得成功，将有宝贵的启示和借鉴作用。

这是一本教人行动的书，不要犹豫，请立刻行动！这是改变你一生的机会！

Carnegie，D.

目录

上编　卡耐基讲口才的艺术

下编　卡耐基讲处世的智慧

目录 Contents

上编
卡耐基讲口才的艺术

古往今来，胜者多为能言善道，败者则多不善言辞。拥有一副好口才、成为一个能言善辩的口才高手是每个人梦寐以求的事情，要做到这一点其实也并不难。当然，这需要你掌握一定的口才基础和基本的训练方法，克服恐惧、建立自信，厚积而薄发，逐渐提高自己的口才水平，训练一流的交际口才和说服艺术，练就娴熟的语言技巧和处事能力，成为口吐莲花的说话高手，让你在关键时刻脱口而出，一“句”成功！

第一章　开口说话，哪些准备要先做好

◆ 心理暗示，我能做到恰当表达

【大师箴言】

说话不但要目的明确，还要把握说话的技巧和要领，才能更完美地表达明确的目的。

我们生活的时代，并不需要那些摇唇鼓舌的说客和那些舌锋尖锐的空头政治家，我们提倡的是“少说多干”。但这并不是说我们可以不要口才。应该看到，人们在日常生活、工作中都离不开说话，口才的好坏无疑已成为一个人生活和事业优劣胜败的一个重要因素。

无论何时何地，“词不达意”都会给你带来不尽的麻烦，比如，使人误解、与人结怨。在社交场上，你也许由于不能随机应变和出言不敏而被弄得言尽词穷、窘态百出；在领导人竞选上，你也许因拙于言词未能取得选票而败北；在大庭广众的演讲中，你也许未能诉之以理、动之以情而无法收到预期的效果；在谈判中，你也许无惊人之语和击败对手的绝招而不能够取胜；在法庭辩论中，你也许没有犀利的言词、严密的逻辑而败在对方的手中；在激烈的商场竞争中，你也许无完美的言语和动人的外表而失去成为富翁的机会；甚至在婚姻、恋爱、家庭上，你也许因为没有甜言蜜语而得不到对方的垂青或者无法

让自己的家庭幸福美满。

总之，假如你注意观察的话，就会发现：生活中，出言不当，会令你处境尴尬；用语妥贴则能使你左右逢源。因此，对一个人的生活和事业来说，善于言谈的人，可以借助口才的力量促成自己的事业，为社会多做贡献；而拙于言谈的人，往往会失去机遇，或将事情越办越糟，因而抱恨终生。

所以，现代社会的种种机遇，要靠你的口才来开拓；个人生活中的种种成功，要靠你的口才来促成。在一次贸易洽谈会上，一位推销商对一个正在观看公司产品说明的顾客说："请问，您想买什么?"顾客不感兴趣地说："这儿没什么可买的。"推销商淡淡一笑说："是呀，别人也说过这话。"然后，当买方正为此而得意时，这个推销商微笑着又说："可是，他们后来都改变了看法。""哦，为什么?"顾客情不自禁地问。于是，推销商正式开始了他的推销。你看，这就叫口才。对于商人而言，口才会招徕顾客。而对于服务人员来说，口才则会留住永久的客人。

1924 年，华盛顿市长在中国的北海仿膳餐厅举行答谢宴会。席间，服务员端上一盘点心，并彬彬有礼地介绍道："这是我们的慈禧太后有一次夜里梦见肉末烧饼，第二天早上，碰巧赶上厨师也为她准备了肉末烧饼，她想到这是吉祥如意的象征。今天，各位吃的就是那种肉末烧饼，愿大家今后事事如意，步步吉祥……"

中国姑娘的这一段话顿时引来了一阵阵掌声。华盛顿市市长高兴地敬了这位服务员一杯酒，说："下次来北京，愿再来你们这里作客!"这位服务员的口才可真不错。她不仅迎合了人们对名人的模仿、对奇闻逸事的兴趣和对美好生活的渴求等多种心态，并且，还能以简洁清晰、亲切生动的话语娓娓道出，自然能赢得阵阵掌声。短短几句话，不仅与特定的时空和谐统一，而且，还起到了点染时空氛围的独特作用。真是菜点令人如意，话语也让人如意。这也是口才——恰到好处的口才！难怪我们的这位市长先生仍愿再次光临呢。

还有个朋友讲过这样一个故事：他所在的公司要招考一位打字员。初试录取了两名，最后面试时再决定录用其中一人。这两人，一位是华裔，一位是西班牙人。他们打字能力是：西班牙小姐每分钟 30 字，华裔女士每分钟 70 字。但是，考完之后，这位传统的中国女子，安静地等在门外，而西班牙小姐却径直闯进主管的办公室。她声称自己打字技术一向快速准确，只是当时太紧张了，没考好，但是，这份工作对她太重要，她非得到不可。最后结果，主管录用了她。而那位打字技巧高于西班牙的华裔女士，却在胸有成竹地静候佳音中失去了机会。

可见，良好的口才能帮你广交朋友、拓宽事业打下一份坚实的基础，不断地创造成功的机遇。

若要事业成功，口才是你必备的能力——这一点是毋庸置疑的。

◆ 培养自信，一切掌握在我手里

【大师箴言】

你的自信会引领你走向成功，所以，你需要自信满满地站起来说话，什么都不用想。

无论是一个经常说话的老手，还是一个从来没有做过登台演说的新人，常常会怀疑听众对自己的话题是不是感兴趣，所确定的演讲内容是不是适合自己。事实上，你不要老是怀疑自己，你应该消除这种疑虑和胆怯，鼓起勇气去说，才能焕发出你口才的魅力。

只要你充满自信，你就能口若悬河，滔滔不绝；如果你丧失自信，

即使满腹经纶，也难吐一言。

自信，这是你做任何一件事必须具备的正确心理。不论你是攀登珠穆朗玛峰，还是和别人说话，或是做大众演讲，自信都是你成功的基本前提。

杰出的演讲家、著名的心理学家艾伯特·爱德华·威格恩读中学时，被要求周末讨论会上起立做五分钟的讲演，一想到这些他就感到非常的害怕。

当讲演的日子一天天临近，可怕的事就发生了：大脑发热，血液直冲脑门，脸颊发烧，好像病了一样。他只好跑到学校后边去，把脸贴在冷凉的砖墙上，设法褪去涌起的绯红。

读大学时，有一次他认真地背下一篇演讲词的开头。但当他面对听众，脑袋里“轰”的一下，几乎不知身在何处了。勉强挤出开场白：“亚当斯与杰佛逊已经过世……”然后再也说不出一句话，因此便鞠躬在如雷般的掌声中沉重地回到座位上。校长站起来说：“唔，爱德华，我们听到这则悲伤的消息真是震惊，不过现在我们会尽量地节哀的。”接着是哄堂大笑。他当时真有以死解脱悲伤的心情，不过那次他只不过是病了几天。他当时想：活在这世上，最不敢期望做到的，便是当个大众演讲家。

但是，在他离开大学一年后的1896年，丹佛掀起一场关于“自由银币铸造”问题的政治运动。他认为“自由银币人士”布莱安及其徒众的建议犯了错误，承诺空洞，十分愤怒，因此当了手表作盘缠，回到家乡印第安那州。然后自告奋勇，就健全的币制制度发表演讲。听众席上有不少是老同学。刚开始，大学里“亚当斯和杰佛逊”演讲的那一幕又掠过他的脑海，恐惧感快要让他窒息，讲话结巴，几乎就快让他从讲台上逃走。不过，就像区安西德普常说的那样，听众和他都勉强撑过绪论部分，然后，这小小的成功给他增添了很大的勇气，他继续往下说了自以为大约15分钟的光景。其实已经说了一个半钟头了，这让他非常的惊异。

这次演说让爱德华很惊异，他认识到，要克服当众说话那种天翻地覆的恐惧感，最好的方法是打破胆怯的心理，以积极的自信做后援。

当然，自信心的建立，并不是靠朝夕之功能完成的。除了对自己要有正确的认识，对应该做的事情要敢于去做之外，培养自信心的另一条途径，就是大胆地去做自己害怕的事情，并力争得到一个成功的记录。从容地面对人生；以积极的心态面对现实；常为自己庆贺、鼓掌；要看到自己的长处，相信自己是强者。

西奥多·罗斯福总统在他的自传里这样说："因为小时候经常是病歪歪的，又很笨拙。年轻时，既紧张又对自己没有信心，我不得不艰难而辛苦地训练自己，不只是对身体，而且是对灵魂和精神进行训练。"

他这样讲述自己蜕变的经过："孩提时期，我在马利埃特的一本书里读到一段话，印象极深刻，时时萦绕在心。那是一艘小型英国军舰的舰长，向主角讲解怎样才能做到气宇轩昂、无畏无惧时所说的一段话。他说，'刚开始的时候，每个人想有所行动时，都会害怕。应该学会驾御自己，让自己表现得好像一点儿也不害怕。这样持之以恒，开始的假装就会变成事实，他只不过是凭借练习无畏的精神，在不知不觉中真的变成无所畏惧的勇者的。'这便是我训练自己的理论根据。一开始，我害怕的事情真多，从大灰熊到野马还有手枪，无一不怕，可是我故意装作不怕的样子，慢慢地我就不再感到害怕。人们若是愿意，也能像我一样做到的。"

有人说，"当你具有自信心对待成交时，你就是成功的化身"。在工作和事业方面，敢言又善言者，可以充分利用自己语言交际能力游刃职场，使工作能够顺利而圆满，左右逢源、步步为营。可以说，说话的自信心与卓尔不群的语言魅力，是使事业通向成功之路的必备条件。

第23届洛杉矶奥运会组委会主席尤伯罗思开创了奥运会不赔钱反而赚钱的先河。其成功的原因，主要就在于他充满自信的说服术。

以往各国承办奥运会，都是千方百计地说服人家往外掏钱，结果总是赞助者寥寥无几，给各举办国财政造成困难。尤伯罗思则反其道而行之，他在要求别人赞助时，会对赞助者提出非常苛刻的条件，像不得在赛场内作商业广告；赞助金不得低于五百万美元；按公司信誉、赞助款额及支付时间的顺序实行"五选一"的策略。他就是抱着这种自信态度，从纷至沓来的赞助者手中，拿到了大笔的赞助。这种气魄、这种自信，可以说是他成功的前提。难道这不很值得我们借鉴吗？

今天的社会正处于一个高度发达的时代，社会生活愈加的复杂，人与社会愈加的密切，人与人之间的合作需求亦变得愈加的强烈，社会往来已是必不可少，离群独处更是谬谈。因而，消除胆怯，树立起自信。只有驱除心中的"魔障"，你才能接受真正的挑战，你才会发现自己与日俱"强"，你才会发现自己的人生与众不同了！

◆ 突破自我，说话其实并不是可怕的事

【大师箴言】

集中全力，时刻不忘自信与谈笑风生的说话能力对你的重要性。只要你想做好，你就能做好。只有这样，你才会真正地期盼所做的事情，而不会枉费心思地胡思乱想许多不想干的杂事。

众所周知，如果一个人不下水，他便永远也学不会游泳。锻炼口才也是这样的。如果你不开口说话，即使你学了再多的表达技巧，再多的发音知识，也不可能学会它。如果不经常与人沟通，不经常进行

有效的说话练习，不思考怎样才能更好的说话，也是不可能取得口才能力的提高。

现实生活中，我们每个人都会有理想的自我形象，这种形象是被自我的自尊所包围着的，它不希望得到外界的破坏或贬低，它希望得到别人的赞许和认可。当与某个陌生人接触、与异性交往、与权威人士交流或是当众说话的时候，你就会下意识的保全自我形象，尤其是感觉到自我形象受到威胁时，更是担心得连一句话也不敢去说，生怕当众出丑、说话漏洞百出，害怕别人说自己是“笨蛋”、“没水平”或者是“不懂装懂，出风头”等。很多人由于对说话可能产生结果的不确定性感到担心，甚至是惶恐，因此不愿意或是根本不敢开口。

其实这种担心是多余的，也是没有必要的。既使你说不好，也不会造成什么大的损害，更不会有人去责怪你。如果你不去大胆地说，那你就永远都不可能成为一个说话高手，因为每个口才高手都是经历了一个从不会说到说得不好，再从说得不好到说的很棒的渐进过程。

爱尔兰著名戏剧作家，评论家萧伯纳曾向别人介绍起自己提高口才经验时说：“我借鉴了自己学溜冰的方法——我让自己一个劲地出丑，直到学会为止。”无论你是想成为一个像萧伯纳一样出色的演讲家，还是只想在人们面前从容洒脱地讲话，你都得从现在开始，从每一天开始，抓住每个可以练习的机会，让自己大胆地去“出丑”。

寇蒂斯，一位职业医生，一位棒球迷。他工作之余最感兴趣的事，也是唯一要做的事就是去看球员们练球。因此，很多棒球队员都是他的好朋友，他们经常一块参加球队的一些活动。一次，他被邀请参加球队举行的宴会。在宴会上，有几个来宾被请上台去“说几句话”。

突然，宴会支持人高声说：“今晚有一位医学界的朋友也来到了我们宴会的现场，现在我特别邀请寇蒂斯先生上台，向我们谈谈棒球队员们的健康问题。大家说，好不好？”

与会者都积极响应：“好，好。”

对于这种场面寇蒂斯觉得实在太突然了，也太难为情了。对于他自身来说，行医30余年，作为专门研究保健的医生来说，不要说是几句话，就是做几场报告，也不是什么太大的问题。可是现在要他站起来讲这个问题，他觉得太难了。

因为他一生中从来就没有到这样的场合说过话，面对突来的邀请，他的大脑一片空白，语言像消失了一样，记忆仿佛长了翅膀飞走了。

宴会上的人都在为他鼓掌，很多人都在用期待的目光看着他，但他最后还是摇摇头，表示了谢绝。可是这样做却反而引来了更加热烈的掌声，要求他上台“讲几句”。

“寇蒂斯大夫！寇蒂斯大夫！”

在一片邀请声的逼迫下，他终于站起来了，可是他却没能完整的说出四五句话来，最后只好默默地走了出去……

他尴尬极了，也难堪极了，他觉得这是他一生中莫大的耻辱。寇蒂斯大夫回到布鲁克林，他要做的第一件事就是报名参加了口才培训课，因为他不愿再度陷入哑口无言的困境。

寇蒂斯通过努力练习，进步神速，他自己都感到非常的惊讶，这种进步远远超出了他的希望值。经过几节的培训课训练，他的紧张情绪消失了，信心逐渐增强了。两个月之后，他成为了班里明星级学员，不久就开始接受邀请，前往各地参加了公开演讲。

寇蒂斯最喜欢演讲时的那种感觉和演讲成功给他带来的那种喜悦，其实他最高兴的是能够从演讲中结交更多的朋友了。有一位纽约市共和党竞选委员会的委员在听了寇蒂斯的一次演讲之后，立即邀请他到全市各地为共和党发表竞选演讲。如果这位委员知道，他欣赏的这位人物在一年之前的情况，那么他一定会更加的吃惊。

由此可见，当你与那些重要的人物进行交流、进行商业谈判时，或只是与普通人进行交谈中，如果你感到羞涩或是恐惧，你都可以借用别人的经验为自己加油。一旦你克服了说话的这种恐惧，获得了“说话”的能力，你就完全可以畅所欲言了。

◆ 不断练习，随时随地练习开口说话

【大师箴言】

要想把话说得恰到好处，最重要的一点就是把握住说话的时机。说话的时机，常常就在瞬息之间，稍纵即逝，时不我待，时不再来。因此，对说话时机的把握，比掌握、运用其他说话技巧更难，也更重要。

有句俗话：拳不离手、曲不离口，就是强调学习技艺不可懈怠。如果你平时不注意积累素材、不练习发音的话，那么当你要开口说话的时候，就一定会手忙脚乱、哑口无言。

一份调查结果显示，缺乏语言训练与受过良好语言训练，具有天壤之别的关系。面对同一件事，没受过语言训练者的表述，有可能是语无伦次的、杂乱无章的，即使说上一大堆话，也只会是废话一堆，若是受过良好语言训练的人，他可能只须很少的语句，就会十分简练、完整且合乎逻辑地抓住主要情节和情节之间的关系，将事件表述出来。两者之间，差别之大，不由得不引起我们对口才训练的重视。

畅销书作者约翰·甘德曾这么说过：“我总是要搜集比我所需要的多10倍的材料，有时甚至达到100倍。”对于练好口才，积累素材这个道理同样适用。

有一次，约翰·甘德正准备写一篇关于精神病院的文章。他便亲自走访了各地的医院，分别和院长、护士及病人进行谈话。有一位曾

帮助过他的朋友说，他们曾经在不同的楼房之间奔走，不停的上上下下，日复一日地走路，也不知道总共走了多少路。甘德在走访的过程中，光记录用的笔记本就有好几本，他的办公室里也堆满了政府和各州的报告，还有许多别的资料。

最后，他写出了4篇论文，非常简单但趣味横生，都是很好的讲话题材。这些文章的用纸不会超过80克，可是，那些采访资料和其他资料，即所有的依据，却都超过了9000克！

口才并不是一种天赋的才能，世上本没有天生口才极佳的人。即使被大众公认为能言善辩、口若悬河的人，也并不是在任何状况下都能游刃有余，应付自如。任何人都是经历失败和挫折的磨练后，在循序渐进中才能获得好口才的赞誉的。

播音员、节目主持人、演员等，都是“玩语言游戏”的高手，但是，他们大都认为自己从小并不善言辞。可是，他们为何在语言方面有如此造诣呢？原因很简单，关键在于他们后天不懈的努力，加上持之以恒的心态。

前总统林肯为了练口才，徒步30英里，到一个法院去听律师们的辩护，看他们如何论辩，如何做手势，他一边倾听，一边模仿。他听到那些云游八方的福音传教士挥舞手臂、声震长空的布道，回来后也学他们的样子。他曾对着树、树桩、成行的玉米练习口才。

林肯能够很熟练的背诵柏恩斯、拜伦、布朗宁等人的整本的诗集，他还写过一篇评论柏恩斯的演讲稿。在林肯的办公室里和家里分别放着一本拜伦的诗集。在办公室的那一本拜伦的诗集，因为经常翻阅，只要一拿起来，就会自动摊开在《唐璜》那一页。

林肯当上总统以后，无休止的内战耗费了他大量的精力，他的脸上也因此留下了深深的皱纹，可是他仍然在空闲的时间，拿一本英国诗人胡德的诗集翻阅。他还经常抽空复习他早已看熟的莎士比亚的名著，有时还发表一些言论，批评有的演员念错了莎剧台词，并且提出自己独到的见解。

顾立区公司董事长顾立区先生平时是个极不善言谈的人，每次开会或是与他人交流的时候都有一种恐惧感，生怕自己把话说错了，或是怕表达不清自己的意思。但是身为董事长，他不但要主持会议，有时候还要进行必要的商务谈判。可是他只要是站起来要讲话的时候，总是连一个字都讲不出来，这种情形困扰了他好多年，他深刻的感觉到这对他来说不仅是一个非常大的毛病，更是一处致命的弱点。

之前他有一个会计师，也是一个非常害羞的家伙，因为会计师在进他的办公室之前总是要经过董事长顾立区的办公室，而这个会计师总是低着头，看着地板悄悄地溜进去，一言不发。后来的某一天，发生了一件令他非常吃惊的事，这位会计师竟然在走过他办公室的时候高昂着头，眼神充满自信并主动和他打招呼。这件事让他难以置信。

后来得知这位会计师利用业余时间进行了专门的说话训练，于是，顾立区先生抱着将信将疑的态度参加了口才训练课，三个月的训练他进步非常大。有一天，他们在阿斯特饭店舞厅举行一场3000多人的聚会，要求顾立区先生进行两分钟的演说。顾立区先生面对3000多人侃侃而谈，毫无惧色，足足说了十多分钟。精彩的演说打动了所有在场的人，长久、热烈的掌声肯定了他巨大的变化。

因此，要想练就一副过硬的口才，就必须一丝不苟，刻苦训练。“勤能补拙是良训，一分辛苦一分才。”注重平时的锻炼和积累，只有通过不断的练习，才有可能取得口才的重大突破，成为一个口才高手。

◆ 扫除障碍，勇于迈出成功的第一步

【大师箴言】

要想真正掌握口才艺术，第一要点在于心理素质的培养。要扩大自己的心理开放区域，坦诚、开朗、敢于和乐于表现真实的自我，不要怕暴露自己的缺点和弱点，并通过人际关系这面镜子来检验和提高自己的语言表达能力。

说话是一项实践活动，没有实践，害怕失败，不敢开口，任何人都不可能练出一副好口才的。不怯场、敢说话才是取得口才能力的一个先决条件。敢于说话而不善于说话不行；善于说话而不敢说话，也不行。只有既敢于说话又善于说话，这样才会如虎添翼、锦上添花，产生良好的口才效果。

很多人都有这样的一种表现：当人们要求自己站起来讲话时，就觉得很不自在，很害怕，使自己不能清晰地思考，不能集中精力，不知道自己要说的是什么。所以，要培养自己良好的口才，首先要泰然自若，勇于迈出成功一步，当众站起并能随心所欲地思考，能依逻辑次序归纳自己的思想，在公共场所或社交人士的面前侃侃而谈，富有哲理且又让人信服。

所以，在练习口才之前，你必须冲破心理障碍，想办法找出疑虑和胆怯的根源，想办法解决它。

1. 了解当众说话恐惧症的症结

实情一：害怕当众说话并不是个别现象。一份来自大学里的调查指出，演讲课有百分之八九十的学生，刚上课的时候都会感到上台的恐惧。

实情二：某种程度的登台恐惧感是有利的，我们天生有应付来自环境的挑战的能力。因此，当你感到自己脉搏加快、呼吸急促时，不要紧张。这是你身体对外来的刺激保持警觉的反应，这时，它为即将到来的行动做准备，假如这种生理上的准备是适度的，你会因此而想得更快，说得更流畅，常常会比普通情况之下说得更为精辟有力。

实情三：很多职业演讲者都坦白地说，他们从来没有完全祛除登台的恐惧。几乎每一次讲演前，都会感到害怕，而且会持续到开始的几句话里。要想当赛马，不当驮马，这些演讲者必须经历这样的磨练。

实情四：你害怕当众说话的主要原因，只是因为你不习惯。罗宾生教授在《思想的酝酿》一书中说："恐惧都衍生于无知与不确定。"对多数人来说，当众说话是一个不能确定的因素，于是不免会产生焦虑和恐惧。特别是新手，面对一连串复杂而陌生的情境，要比学打网球或驾驶汽车困难得多。只有练习、练习再练习，通过不断地练习，才能把不确定的因素变得单纯而轻松。你会发现，只要有了讲演成功的经验以后，当众说话就不会觉得是一种痛苦，而是一种快乐。

2. 豁出去的心理让你更自信

任何人都不是天生就可以在公众场合自如说话的，都要经历一个艰难的"第一次"。前总统罗斯福说过："每一个新手，常常都有一种心慌病。心慌并不是胆小，而是一种过度的精神刺激。"古罗马著名演说家希斯洛第一次演讲就脸色灰白、四肢颤抖；雄辩家查理士初次登台时两个膝盖抖得不停地相碰撞；印度前总理英·甘地首次演讲不敢看听众，而是面孔朝天。

通常人们在讲话之前，都顾虑重重，如：担心自己会犯语法错误，或讲至中途会忘了要说的话，这就是一种反面的刺激。很可能在你开始之前便抹杀了你的信心。开始讲话之前，尤其重要的是要把注意力从自己身上移开。集中精神听听别的讲话者说些什么，把全部注意力

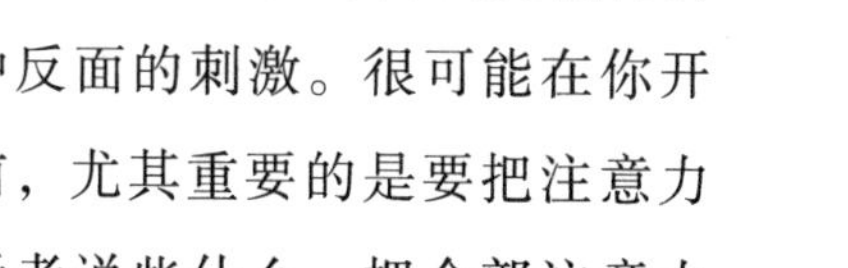

放在他们身上，这样就不会造成过度的登台恐惧了。

你还可以为自我作一番精神讲话。用清楚、平直的言辞跟自己说，你的讲话是很适合你自己的，因为它来自于你的人生经验，来自于你对生命的看法。跟自己说，你比听众中任何一个都更有资格来做这番特别的讲话。如果在这个时候你把心态放的淡定一些，也许你会发挥得更洒脱自如。

3. “忘记”听众，勇气十足

在自己准备发言的时候，要心中有听众，但是在发言时，眼中却不能有听众，你只顾按你的意图去表达。

你挺直地站立着，望着你的听众，十分自信的开始你的演讲。你想象听众们都欠了你的债，现在聚集着请求你再多放一些债。这种心理上的锻炼，对你的帮助是很大的。你不可忸怩地解开或是扣上你的纽扣，或是揉着双手。假如不能避免这些不自然的动作的话，那你把手放到背后去扭着手指，因为那里是没有人看到的——再不然，你不妨动动你的脚趾也好。照一般的规则来说，演说者站在桌椅的后面是不对的，但在最初的一两分钟，你紧抓住桌椅，这样可以使你生出些勇气来，因此，在刚开始的一两分钟，如无桌椅可抓，则手中不妨紧握一枚钱币。法国的福煦大将曾经说过：“战争中最好的防守就是进攻。”由于你对惧怕采取了一种攻势，你就不能错过走出去和它抗争而把它克服的机会。你可以想象此时在你手里有一封信，想象你是一位被派送信的信差。这一封信才是别人关注的焦点而不是你这位信差。信是一件十分重要的东西，你应该把整个的心思用上去，有了对它非常了解的自信，然后坚决的讲出来，如果这样做了，那么克制你自己就不是一件困难的事情了。

著名的心理学家威廉·詹姆士有这样一段论述：“行动似乎紧随于感觉之后，但事实上却是行动与感觉并行。行动在意志的直接控制之下，通过制约行动，我们也可以间接制约感觉，但感觉是不受意志的直接控制的。因此，假如我们失去了原有自然的欢乐，那么，使自己欢乐的最佳方法，就是快快乐乐地坐着或者说话，表现得自己本来就是快乐的一样。如果这样的举动还不能让你觉得快乐，那就没有别的办法了。所以，让自己感觉自己勇敢起来，而且表现得好像真的很勇敢，运用一切意志达到这个目标，勇气就很可能会取代恐惧感。”

为了培养自信与勇气，面对观众的时候，不妨就表现得满怀信心，充满勇气。当然前提是必须还得有充分的准备，否则再怎么表演也没有用的。如果已经对自己所要讲的内容胸有成竹，那就轻松地大步而出，再做一次深呼吸。面对听众之前，深呼吸 30 秒，增加的氧气供应可以提神，给你勇气。

凡事只要你坚信你会成功，你就应该一直朝着这个方向前进，不去顾虑太多。最重要的是，能够拿出自己的勇气冲上去。全面的考虑是必要的，如果顾虑重重，一再的犹豫不决，你就成不了大事。

第二章　成为说话高手的口才修炼

◆ 引导话题，寻找一个共同点

【大师箴言】

在人际交往中，我们不要忽视了一点，即满足他人的兴趣。不能只顾自己的喜好，想怎么着就怎么着。一旦你的兴趣与他人产主冲突时，就会给你的社交设置一重障碍。

一些会说话的人在谈话中都注重寻找共同的话题，这是因为共同的话题能够引起双方的兴趣，使交谈顺利进行下去，如果只顾说自己熟悉的，对方不一定感兴趣，这样就容易引起尴尬，所以，要善于从对方身上寻找共同点，并由此引出话题，这样就会引发亲近感。

据《纽约时报》载：在某地一处公路的急转弯地方，竖着一块大牌子，上面画了一个漂亮的姑娘，笑眯眯地对着向她开来的汽车说："我喜欢开慢车！"据说，那个急转弯的地方从此很少出车祸。据调查，司机们到那里都愿意一睹这位妙龄女郎的芳容，所以一般都减速。而且有的司机还说："你既然喜欢开慢车，我就慢些吧！"

这块牌子的高明之处就在于它的构思新颖奇特，抓住了司机的兴趣、爱好和需要，那位姑娘的话本身就是对司机的尊重，效果不同一般。而公路上的一些路牌如"车辆慢行，减速"；"一看，二慢，三通过”，意思都非常清楚，但不会给司机留下什么印象。

演讲也要匠心独运，抓住听众的心理需求。

遗憾的是，在现实生活中，还有许多演讲者不懂得寻找话题的方法，因而在谈话时陷于被动，要避免这种情况的出现，演讲者可掌握一些寻找话题的方法和技巧。

1. 开门见山法。这种方法很简单也很实用，即言不讳地从正面向对方提出询问的问题、探讨的重点，很快进入交谈。运用这种方法有两个前提，其一，与对方有良好的相互信任的关系；其二，交谈的内容是对方愿意谈的。

2. 激将法。这种方法就是用反面的话刺激别人。但有时由于某种原因，对方的自尊心受到自我压抑，出现自卑、气馁的状态，此时正面开导与说服往往不能使之振奋，如果有意识地运用反面的刺激性语言，“将”他一军，反而可使其自尊心从自我压抑下解脱出来，达到新的心理平衡。

不过，使用激将法时要因人而异，掌握火候，不可“激僵”。

3. 侧面迂回法。在谈话中先暂时避开要谈的内容，谈一些对方感兴趣的事情，边谈边分析对方的反应、心理，适时巧妙地引发正题。如对方喜欢文学，就可选择与其相关的话题，然后再慢慢地申引到正题上。

4. 从与对方有关的物件中找话题 。人们携带的物件有时候也能反映一个人的兴趣和爱好，或提供有关的信息。

一个记者去采访某个公司的经理。正逢经理女秘书在对经理道歉，说是没有为他的小孩找到邮票。所以，这天经理对记者态度很冷淡，没有什么收获。第二天这位记者拿了一些世界各地的邮票又去找这位经理，说是为他的小孩集邮送些邮票。可想而知结局会有多么美满。这就是掌握对方需要的重要性。

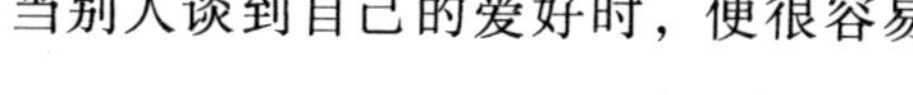

5. 根据对方爱好引发话题。当别人谈到自己的爱好时，便很容易

入耳，谈起来也津津有味。主动交谈者可以投其所好，同时借题发挥，巧妙地提出话题。如对方喜欢钓鱼，你如果也喜欢，那么共同的话题就很多了，如果你没有这方面的经验，不要紧，你可以换一种请教的语气，向对方咨询什么季节钓鱼要注意什么，或是用什么诱饵钓鱼最有效，怎样选择钓杆等等，这样对方就很乐意向你传授一些技巧，同时，你们之间也就打开了话匣子。

6. 共同的境遇也可以成为很好的话题 。有时候，大家不期而遇，走到一起，比如同去参加某个行业的会议，这时的时空、地域及相同的目的就成了彼此共有的东西。同是一个系统的，就容易把人们联系到一起，谈什么都可以。只要有一方先开口，对方会马上礼貌地响应，而且话题会十分广泛丰富。

7. 从对方的口音找话题。一个人的口音就是一张有声名片，能告诉你他是哪里人，起码说明他在哪居住过。这时你就可以从这种口音本身及其提供的地域引起很多话题。比如从乡音说到地域，从地域说到那里的特产、自然风光、风土人情，等等。

寻找共同话题的方法还有很多，这就需要领导者在生活中做一个有心人，要善于观察谈话对象，根据其蛛丝马迹就能够迅速、正确地判断对方，这样就容易寻找共同的话题了。

◆ 调动兴趣，抓住听众的心理

【大师箴言】

听众感兴趣，是因为你的谈话内容和他们有关，和他们的兴趣有关，和他们的问题有关。这种和听众最感兴趣之事的联系，也就是与听众本身的联系，肯定可以获得听众的注意，并且能保证沟通畅通无阻。

欲让听众欢迎你的演讲，莫过于谈听众最关心的话题。一旦听众产生了与演讲者“同船共渡”的感受，或听众急于从你的演讲中得到些什么，成功的大门就徐徐开启了。

有人曾问英国最富有的报纸大王诺斯克利夫博士什么最能引起人们的兴趣，他回答道：“他自己。”是的，没有什么事比有关自己的事情更让人感兴趣了。在一次宴会上，有人发表了一个十分成功的即兴演讲，他把席间的每一个人都谈到了，把每个人的进步加以夸大，使得每一个人都十分高兴，也许他演讲的内容并不高深，语言也并不精彩，但他抓住了听众的兴奋点，受听众欢迎，这样的演讲就成功了。听众是你的上帝，你讲得好与坏，是由他们来评定的，某些笨拙的演讲者只注意谈他自己感兴趣的事，尽管他讲得眉飞色舞，手舞足蹈，听众也是一副漠然的神情，觉得兴味索然，昏昏欲睡，聪明的演讲家总是反过来应用，引导别人开始谈他所感兴趣的事。

有一个人要做一个有关保护森林资源的演讲，他先说：“我们美国人，对于我们国家的无限富饶，应当引以为荣。”然后再说每年浪费了多少木材，如何使森林遭到破坏。这个开头未免太含糊太空洞，听众一定会认为这个问题与他们无关，自己又管不着这样的事情，也就提不起多大的精神了。如果我们换一个开头，效果可能要好得多。

那天在座的听众中，有一位印刷家亚普帕先生，在业务上是与木材有很大关系的，还有一位银行家苏尔，由于浪费木材对全国人民的财富影响极大，所以与这个问题也有切身关系。如果这个人这样开头：“现在我要讲的题目，对于亚普帕先生的业务和苏尔先生的营业都有极大的关系，并且，对于我们大家生活上必需的食品价格和房屋的租金也会发生重大关系。”这样一来，不是更能抓住听众的注意力吗？

普通老百姓关心的事情都是现实的、实际的，更多的与生活、财

产有关，因为这是人们生活中的热点，是生存的基本需要，虽然内容相同，但你只要换一个合适的说法，结果可能截然不同。比如对于“怎样订立遗嘱”这样一个题目来说，如果把它作为大学里的公共教育课，必定无人问津，但是如果把题目改为“美国人怎样订立遗嘱”，听众可能就爆满了；如果你的题目为“生命元素与食疗”，大家肯定不太关注，如果你改为“饮食与健康、美容”，人们再忙都要抽出时间来听你讲了。

钻到听众心里就是从听众最感兴趣、最敏感的问题下手，急他人之所急，想他人之所想，言他人之所言，抓住听众的兴奋点，慢慢引出话题。在演讲开端讲些足以引起听众兴趣的话，这是演讲者人人应该熟记的成功秘诀。

曾有一个人演讲定期检查身体的必要，他一开始便大讲“延年学会”的历史和组织，以及各种情况。这真可笑，人们哪会有兴趣听这种学会的历史呢？这与他们有什么关系？他们自己还忙不过来呢，哪有闲功夫管什么“延年学会”呀！可想而知，听众很不耐烦。

其实，这样一个内容只要换一个说法，完全能很成功。他可以这么说：“诸位，你们知道按照人寿保险的表格，你今生还能活多少岁吗？据人寿保险统计学家说：‘你的寿命，是你现在的年龄与 80 岁之差的 2/3’比方说你现在是 35 岁，你的寿命，就是还有 45 岁的 2/3 了，换句话说，你还能活 30 年。30 年够吗？不，不，我们谁都想多活几年，然而，这种表格，是根据几百万人的精确记录统计的，不会有错。那么，你我难道不能逃过这个数字吗？办法是有的，只要你小心谨慎地保养，一定不难达到这个目的。那么，你第一步就应该常常有一个详细的检验……”再接下去讲为什么有定期做检查体格的必要，听众就听得进去了，慢慢也会对延年学会的工作发生兴趣的。选择有方，做事有法。要想紧紧抓住听众的思维，把握听众的情绪，莫过于先从听众所关心所熟悉的问题讲起。

在一次有关女性地位问题的演讲比赛中，很多参赛同学都是一上台便讲历史上女性地位如何低下，现在人们还存在一些性别偏见等。前面一两个演讲，可能听众还听了一些，到后来听众就有些不愿听了，千篇一律，有什么意思！

轮到一名女同学上台，她一上台说的是："今年毕业班的同学又要开始找工作了，大家可知道去年我校学生找工作的情况？"这一句话，大家马上静下来听了，找工作是个敏感的问题，大学四年，谁不想出去找个称心如意的工作呀，毕业班和高年级的同学不用说，刚进校的同学也密切注意这个问题。这一下，听众的注意力集中到演讲上来了。紧接着这位女同学列举了一系列的数字和事实来说明女生在找工作上的劣势，由此发挥，讲到社会上的性别歧视问题，结果这位女同学摘取了这次演讲大赛的冠军。这与她与众不同而又大受欢迎的演讲开头不无关系。

讲话是人与人交流思想、增进了解、互通信息的手段，如何使讲话收到良好效果、达到预期目的是很有学问的。对于演讲者来说，抓住听众心理，使自己的讲话收到最佳效果是尤为重要的。

◆ 培养幽默，妙在曲径通幽处

【大师箴言】

在社交场合，说话带些风趣和幽默更能体现出一个人的修养和礼仪，也体现出其人格魅力。

语言的表达，是人与人之间的感情交流主要渠道，语言障碍无疑是人际交往的大敌。因此，在彼此交流的过程中，要设法让双方的心灵距离拉近些，而幽默感恰是推进距离的神奇力量。

英国作家哈兹里特把幽默在谈吐中的作用比作是炒菜用的调味品。这个比喻十分的恰当，它恰好说明了幽默风趣在谈话中是不可或缺的重要部分。尽管在我们的说话中有许多实在的内容，但是如果在说话的过程中没有一点幽默的话，这种谈话就像是一杯白开水，没有味道，也缺少吸引人的魅力。

幽默往往是有知识、有修养的表现，是一种高雅的风度。幽默不应只是为了取乐而使用的语言形式，它应该是在严肃与趣味之间达成一种巧妙的平衡。幽默的背后是严肃，幽默的背后还藏着人的智慧、情趣、修养和心理。使用高雅的幽默能体现你高尚的人格和渊博的知识，更能吸引更多的人和你交往。

一次，林肯正面对大众，滔滔不绝地进行着他的演讲。忽然，人群中有一位不知名的先生递给他一张纸条，林肯打开了纸条一看，没想到，纸条上竟然写了这样两个字——“傻瓜”。当时，在林肯旁边有很多人都已看到了这两个字，他们都瞪眼盯着他们的总统，看他如何来处理这一公然的挑衅。在诸多目光的注视下，林肯略一沉思，便微微一笑说，“本人收到过许多匿名信，全部都只有正文，不见署名，而今天却正好相反，这一张纸条上只有署名，而却缺少正文！”话音刚落，会场里使响起了为林肯的机智和幽默而鼓起的掌声。而那位“署上名字”的先生却混入人群中溜了。会场气氛由紧张变为轻松，演讲继续进行。

幽默是极易接近感情的热线，它像春风一样，使愉悦充满两人的交际场中，表达着你的真诚和温情。幽默宛如一座桥梁，是沟通人心灵的桥梁。幽默者最有人情味，与这样的人相处，每个人都会感到快乐。

两度竞选总统均败在艾森豪威尔手下的史蒂文森也从未失去过幽默。在他第一次荣获提名竞选总统时，他承认的确受宠若惊，并打趣说："我想得意洋洋不会伤害任何人，也就是说，只要人不吸入这空气的话。"

在他竞选第一次败给艾森豪威尔的那天早晨，他以充满幽默力量的口吻，在门口欢迎记者进来："进来吧，来给烤面包验验尸。"

几年后的一天，史蒂文森应邀到一次餐会上作演讲。他在路上因阅兵行列的经过而耽搁，到达会场时已迟到了。他表示非常歉意，并解释说："军队英雄老是挡我的路。"

史蒂文森使用巧妙含蓄的语言，用一句句轻松、微妙的俏皮话，说得很委婉，从而改变了他在人们心目中的形象，使听众感到他并不是一个失败者，即使没有当选总统，他依然也是个赢家。

幽默，会为你树立一个良好的社会形象。幽默能表现出一个人修养的深厚和智力的优越，一个小小的幽默会给无数的人留下美好难忘的深刻印象，使你在众人之中脱颖而出。懂得制胜之道的人，是绝不会放过通过幽默来表现自我的机会的。

有这样一件趣事：有一次，英国前首相威尔逊为了推行其政策，在一个广场上举行公开演说。当时广场上聚集了数千人，突然从听众中扔来一个鸡蛋，正好打中他的脸。安全人员马上下去搜寻闹事者，结果发现扔鸡蛋的是一个小孩。威尔逊得知后，先是指示属下放走小孩，后来马上又叫住了小孩，并当众叫助手记录下小孩的名字、家里的电话与地址。

台下听众猜想威尔逊是不是要处罚小孩子，于是开始骚乱起来。这时威尔逊要求会场安静，并对大家说："我的人生哲学是要在对方的错误中，去发现我的责任。方才那位小朋友用鸡蛋打我，这种行为是很不礼貌的。虽然他的行为不对，但是身为大英帝国的首相，我有责任为国家储备人才。那位小朋友从下面那么远的地方，能够将鸡蛋扔得这么准，证明他可能是一个很好的人才，所以我要将他的名字记下来，以便让体育大臣注意栽培他，使其将来能成为我国的棒球选手，

为国效力。”威尔逊的一席话，把听众都说乐了，演说的场面也更加融洽。

也许有人会说，威尔逊是小题大做、故弄玄虚。但不管怎么说，他懂得从别人的过错中发掘长处，积极寻找具有建设性的建议，不仅让不愉快的事情随风而逝，而且还将坏事化为好事，帮助自己摆脱尴尬的境地。抛开其他而不论，多数听众认为，威尔逊对待小孩子的趣事，还是幽默与可贵的。

幽默是人的能力、意志、个性、兴趣的一种综合体现。它是引力强大的磁石，有了幽默的社交，便会把一颗颗散乱的心吸入它的磁场，让人绽放灿烂的笑容。它是智慧的火花，可以说这种交往是智慧的体现，是智慧者灵感勃发的光辉。

◆ 善讲故事，让故事阐述事实

【大师箴言】

讲故事要讲关于说话人自己的故事更能吸引入。不能老讲抽象的不切实际的事实，否则会有人在座位上起来，甚至有的人做鬼脸，有的人掷东西“起哄”。如果演说人讲一篇有趣味的人生故事，他是不会失败的。

一个只有理论的演讲是乏味的，可以适当地穿插一些故事。因为故事情节生动，能把演说“撑”起来，容易抓住听众，缩短与听众之间的距离。有经验的人演说总是注意搜集故事，特别是到一个新地方演说，总是希望能够早日到达该处，有充分的时间去访问当地人，随便谈谈，藉此了解当地的情形，知道该处的历史，然后再来演说，如果在演说辞中插入该地所见所闻，必定大受欢迎。

有个演说家讲了一则关于“贤惠的妻子与粗心的丈夫”的故事：

一天丈夫去上街，妻子叫他回来时别忘了买袋盐回家。丈夫满口答应后就匆匆地走了。嗜好抽烟的丈夫一来到商场，径直走向香烟专柜，看着五花八门的香烟。此时，一位年轻的女售货员走过来，笑盈盈地对他说：“先生，别忘了买袋盐带回家。”这位丈夫觉得好生奇怪，怎么不叫我买烟，却替卖盐的吆喝生意？不过，他还是很感谢她的提醒，不然，他真的把买盐的事忘了。于是他顺手拿了一条香烟，夹着香烟穿行在商场里。

突然，一位老太太在他后背轻轻一拍：“年轻人，别忘了买袋盐带回家。”“老人家，你怎么知道我要买盐？”他刚才就已经觉得蹊跷，现在终于忍不住想问个明白。老太太一指他的后背：“瞧，你的背上不是贴着纸条，上面写着吗？”他脱下衣服一看，原来妻子在他的背上贴了张纸条，上面写着：“好心人，请提醒我的丈夫买袋盐带回家！”

这个故事不长，但讲的过程却悬念迭起，让听众疑窦丛生：两位素不相识的人怎么知道提醒“丈夫”要买盐？心急火燎地要听下去。待到“谜底”揭开，原来如此，你不能不“扑哧”笑出声来。

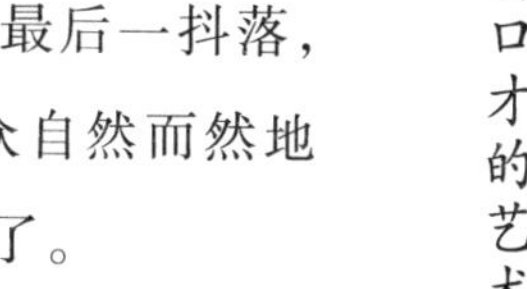

这种叙事的方法是：前面不动声色，从容自如地铺垫、渲染，讲到结尾处，一个意想不到的情节让你开怀解颐，出乎意料之外，又在情理之中。这种叙事安排，如同中国传统相声的“三番四抖”的艺术，即一而再，再而三地将悬念推出来，产生“包袱”，最后一抖落，听众的笑声已经情不自禁地迸发出来了。在笑声中，听众自然而然地感悟到故事里妻子的贤惠、丈夫的“可爱”、路人的善良了。

抓住听众的注意力，把话说得一波三折，扣人心弦，定能耐人回味无穷。这种设置悬念的口才技巧能吸引人，但你选的事情必须和你的主题相关，并能够在需要的时候恰当的过渡到你的主题上，这样才能收完美的效果。

林肯在做律师的时候，有一天，一位老态龙钟的妇人找到他，哭诉自己被欺侮的事。原来这位老妇人是独立战争时一位烈士的遗孀，每月靠抚恤金维持生计。不久前，出纳员居然要她交一笔手续费再领取抚恤金，而这笔手续费差不多相当于抚恤金的一半，这分明就是在勒索老妇人。

老妇人在林肯的帮助下把出纳员告上了法庭，但是被告在法庭上却矢口否认对老妇人的勒索，在没有任何凭据的情况下，形式显然对老妇人不利。

轮到林肯辩护发言的时候，无数双眼睛盯着他，想看他有没有办法扭转乾坤。

林肯用自己抑扬顿挫的声音开始了辩护。他首先把听众引入对美国独立战争的回忆中。林肯两眼含着泪花，述说爱国志士怎么忍饥挨饿地在冰天雪地里战斗，为浇灌“自由之树”而洒尽最后一滴鲜血的故事。最后，他以巧妙的设问，得出令人怦然心动的结论：

“现在历史已经成为遗迹。1776 年的英雄们，早已长眠于九泉之下。可是他们那衰老而可怜的遗孀还在我们面前，要求替她申诉。不用说，这位老妇人以前也是位美丽的女子，也曾经有过幸福美好的家庭生活。不过，战争和岁月使她失去了这一切。她变得贫穷无依，不得不向享受着革命先烈用鲜血和生命争取来的自由的我们请求援助和保护。试问，我们能熟视无睹吗?”

发言戛然而止。人们被感动了，他们中有的捶胸顿足，扑过去要揍被告；有的眼圈泛红，流下了同情的眼泪；还有的当场慷慨解囊相助。在人们一致要求下，法庭通过了保证烈士遗孀不受勒索的判决。

只是凭借善良，林肯并不一定能赢得这场官司，但是林肯巧妙的把人们——包括法官在类所有人的思维引入到一个有利于他的一面，用扣人心弦的故事和耐人寻味的口才技能赢得了最后的胜利。

由此可见，对于演说的人而言，应该提出不多的几条大纲，最好还是讲述人们的奋斗史，讲他们怎样在斗争中获得了胜利的故事，因为人们对于“奋斗”和“竞争”，是谁都会感到兴趣的。如果演讲者讲一篇有趣味的人生故事，他是不会失败的。这足以给我们有益的启示。

◆ 真诚赞美，开心就能“开心”

【大师箴言】

赞扬与恭维如同一对双生子，往往难以辨别，而我们仍能发现它们的不同。它们一个是真诚的，另一个不是真诚的；一个出自内心，另一个出自牙缝；一个为天下人所喜欢，另一个为天下人所不齿。

事实上，赞美与恭维其目的不同。赞美是真诚、热忱的，是出于真实的感受，绝不掺杂任何不良的用心；同时，赞美是对别人的优点和长处充分肯定，是为了满足别人对于尊重和友爱的需要，给别人以精神上的激励和鼓舞。而奉承他人则是宁肯牺牲自己的尊严去恭维什么人，是出于某种不可告人的企图，明显的是趋炎附势，巴结讨好权威。细细揣摩，你甚至会发现，恭维是从牙缝中挤出来的，而赞美是发自心灵的。

小时候我住在密苏里州乡间，那时我记得父亲曾经养过一头血统优良的白牛和几只品种优良的红色大猪。有一次，父亲带着猪和牛一起去参加美国中西部一带的家畜展览。很幸运，我们的那头白牛和那几只红色大猪获得了特等奖，也因此父亲赢得了特等奖蓝带。

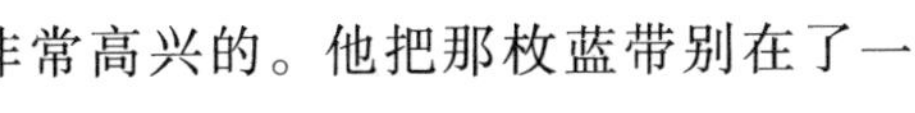

我记得很清楚，当时父亲是非常高兴的。他把那枚蓝带别在了一

块白色软布上，而且只要有人来家中做客，他总要拿出来炫耀一番。

其实，那些真正的冠军——牛和猪并不在乎那枚蓝带，倒是我的父亲对它十分珍惜，因为这枚蓝带给他带来了荣耀和别人的称赞声，也使他有了“深具重要性”的感受。

林肯曾经说过“人人都喜欢受人称赞”。心理学家威廉·詹姆斯说：“人性是最深切的渴望就是获得他人的赞赏，这是人类之所有有别于其他动物的地方。一个人，无论他从事什么职业，都渴望受到别人的重视，得到别人的赞美。”赞美他人是人际关系必备的技巧，赞美的话说得得体，会使你更迷人，更受人欢迎。

可见，我们每个人，当然包括男人和女人，都希望自己受到别人的重视。尤其是男人，他们更希望能够引起女性的重视，更希望从女性那里获得满足这种“希望具有重要性”的感受。作为一名女性，如果你想与别人相处得十分融洽，如果你想成为一个受欢迎的人，那么你首先要做的就是满足他们的这种心理，去真诚地赞赏他们。

真诚的赞美是以自信自爱而又热忱待人的宽阔心胸去肯定他人的价值，体现了自己的气度和亲和力，同时也赢得此人对自己的尊敬与理解。一个善于欣赏他人的人，才能不断地完善自己。

一家专门制造高级椅子的公司的董事长詹姆斯·阿特牟逊，得知建筑商伊斯曼决定建一所音乐学院和一座剧场，他非常希望能得到这两栋大建筑的座椅订单，但他也知道单凭竞标，他不一定有把握战胜对手，便决定前去拜访建筑商，希望能直接获得他的认同。

当阿特牟逊准备去拜访伊斯曼时，一位朋友好意地提醒他：“如果你想争取到那笔订单，我劝你最好只和伊斯曼会面 5 分钟。超过这个时间，恐怕就没希望了。伊斯曼是个一板一眼的人，整天忙碌不堪，所以你和他说话，别忘了‘简明、扼要’四个字。”

阿特牟逊道了谢，并准备按照他的话去做。

当阿特牟逊走进伊斯曼的办公室时，他正在翻阅一大堆公文。过了好一会儿，才抬起头来，摘下了眼镜，走到阿特牟逊的面前。

“先生，请问你找我有什么事？我的时间安排得很紧，你只有5分钟可以说明你的来意。”伊斯曼面无表情地说。

阿特牟逊没有直奔主题，而是说道：“喔！您这房间的装饰和摆设，格调真高雅，在这种环境中办公，工作效率一定很高。我从事室内装饰的行业这么久，从没见过这样舒适的办公室。”

“是吗？你这么一说，我又想起当初装潢的事了。真的很不错吧！大厦刚落成时，我也有这种感觉。但最近工作太忙，我几乎都忘了这个优点了。”乔治·伊斯曼愉快地答道。

阿特牟逊走到木质墙壁前，用手摸了一下，说：“这是英国橙木制的，和意大利橙木在纹图上有些不同。你真是一个行家，要知道很少有人知道意大利橙木比英国橙木的质量要差一点。”

“是啊！这是从英国进口的。我特意亲自挑选的。”伊斯曼有几分得意地说。

然后，伊斯曼把办公室的布局、色调、手工艺的装饰和他自己的构想，一一说给阿特牟逊听。两人边聊边在办公室里来回走着，最后在窗前停住脚步。伊斯曼用平稳的语调说出自己为谋社会福利，以个人财力建造的各项公共设施，如：广场大厦、综合医院、疗养院、友爱之家、儿童医院等。阿特牟逊对他的博爱精神，和他所做的各种努力，表示由衷地敬佩。

伊斯曼又打开一只小箱子，里面装的是他从英国人手中买来的照相机，也是他研究照相机的第一个实验品。阿特牟逊问他经营之初的困苦情况，伊斯曼再追述起穷苦的少年时代，寡母靠收房租过活，他自己则在日薪5毛的一家公司做事。那时，他只想如何克服贫困，让母亲不再辛勤工作。阿特牟逊又问他做底片实验时的情形，伊斯曼神采飞扬地告诉他，那时他每天从早到晚不停地工作，只在等待药品产生变化的短暂时间内，稍微休息，有时连续72个小时不睡觉。

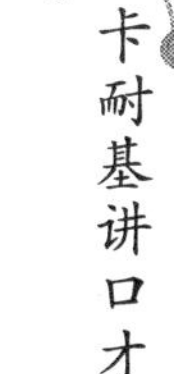

“前些日子，我去日本考察业务，买了一把椅子回来放在阳台上，经太阳一晒，油漆纷纷剥落，我自己就买了一罐油漆，亲自重新漆上，你要不要见见我的油漆技术？我们先一起用餐，然后再去看。”

饭后，伊斯曼果然带阿特牟逊回家去看那张椅子。那是一把价值1.5美元的普通椅子，和他亿万富翁的身份毫不相配，但阿特牟逊对伊斯曼的油漆技术夸奖不已。

看完椅子之后，阿特牟逊捎带说了一下自己的来意，伊斯曼没有丝毫的犹豫，他立即在阿特牟逊带来的定单上签了字，并让财务部门提前给了一笔定金。

每一个人都有渴求别人赞赏的心理，赞美话语如同照耀人们心灵的阳光，失去它，便会失去生机。为此马克吐温说：“我能为一句赞美文辞而不吃东西。”可见赞美的威力。

在人际交往的过程中，我们接触的是人，是那些渴望被人赞赏的人。应该说，赐给他人欢乐，是人类最合情也是最合理的美德。因为伤害别人既不能改变他们，也不能使他们得到鼓舞。所以，假如你希望每天都能有愉快的心情的话，那么就真心地说出别人想听的话吧！

事实上，赞美不仅能改善人际关系，而且能改变一个人的精神面貌和情感世界。赞美的过程，是一个沟通的过程。通过赞美，得到了对方的欣赏和尊重，自己享受了自尊，成功和愉快，精神面貌也会犹如芝麻开花，充满着盎然的生机。

第三章 让别人赞同你的口才艺术

◆ 尊重别人表达的意见

【大师箴言】

每个人都有不同的看法，也有发表不同意见的权利，你不必附和或同意别人，但你必须尊重别人表达的意见。

伽利略曾说："你不能教人什么，你只能帮助他们去发现。"

苏格拉底也说过："我唯一知道的，就是我一无所知。"

要改变别人的意见，即使你用最温和的方法尚且不易，更何况你用挑战的方式了。如果你证明什么，要使用到位的技巧。教导别人要使用看起来不是教导的方式，让对方感到自己的错误和无知只不过是他忘了或忽略了而已。

克洛里是纽约泰勒木材公司的推销员。他承认多年来，他总尖刻地指责那些大发脾气的木材检验人员的错误，虽然赢得了辩论，但这一点好处也没有。因为那些检验人员和"棒球裁判"一样，一旦判决下去，他们绝不肯更改。

克洛里虽然在口舌上获胜，却使公司损失了成千上万的金钱。他决定改变这种习惯，不再抬杠了。他说："有一天早上，我办公室的电话响了。一位愤怒的主顾在电话那头抱怨我们运去的一车木材完全不符合他们的要求。他的公司已经下令停止卸货，请我们立刻把木材运回去。在木材卸下25%后，他们的木材检验员报告说，55%的木材不合规格。在这种情况下，他们拒绝接受。

“挂了电话，我立刻去对方的工厂。在途中，我一直在思考解决问题的最佳办法。通常，在那种情形下，我会以我的工作经验和知识来说服检验员。然而，我又想，还是把在课堂上学到的为人处世原则运用一番看看。

“到了工厂，我见购料主任和检验员正闷闷不乐，一副等着抬杠的姿态。我走到卸货的卡车前面，要他们继续卸货，让我看看木材的情况。我请检验员继续把不合格的木材挑出来，把合格的放到另一堆。

“看了一会儿，我才知道他们的检查太严格了，而且把检验规格也搞错了。那批木材是白松。虽然我知道那位检验员对硬木的知识很丰富，但检验白松却不够格，经验也不够，而白松碰巧是我最内行的。我能以此来指责对方检验员评定白松等级的方式吗？不行，绝对不能！我继续观看着，慢慢地开始问他某些木料不合格的理由是什么，我一点也没有暗示他检查错了。

“我强调，我请教他只希望以后送货时，能确实满足他们公司的要求。以一种非常友好而合作的语气请教，并且坚持把他们不满意的部分挑出来，使他们感到高兴。于是，我们之间剑拔弩张的气氛消散了。偶尔，我小心地提问几句，让他自己觉得有些不能接受的木料可能是合格的，但是，我非常小心不让他认为我是有意为难他。

“他的整个态度渐渐地改变了。他最后向我承认，他对白松木的经验不多，而且问我有关白松木板的问题，我就对他解释为什么那些白松木板都是合格的，但是我仍然坚持：如果他们认为不合格，我们不要他收下。他终于到了每挑出一块不合格的木材就有一种罪过感的地步。最后他终于明白，错误在于他们自己没有指明他们所需要的是什么等级的木材。

“结果，在我走之后，他把卸下的木料又重新检验一遍，全部接受了，于是我们收到了一张全额支票。

“就这件事来说，讲究一点技巧，尽量控制自己对别人的指责，尊重别人的意见，就可以使我们的公司减少损失，而我们所获得的良好的关系，则非金钱所能衡量。”

一个人在提出自己的意见后，一旦遭到全盘否定，人的自尊心往往使他采取以牙还牙的反抗。这种心理反应会极大地阻碍势态的顺利进行。因为他的智慧、判断力、荣誉和自尊心都受到了你的伤害。这只会激起他的反击、绝不会使他改变主意。

相反，一个人在提出自己的意见后，一旦受到某种程度的肯定和重视，人的自尊心理会引导心理活动形成一种兴奋优势，这种兴奋优势会给人带来情感上的亲善体验和理智上的满足体验。这种体验一旦发生，就会有利于纠纷的调解，使争执双方的意见达成一致。

“道奇汽车”在蒙大拿州的代理商哈罗·雷恩克说，由于汽车市场的竞争压力，他在处理顾客投诉案件时，常常显得冷漠不带感情。这很容易引起愤怒，甚至做不成生意或造成许多不快。

他说：“后来我想清楚这样于事无补，便改变方法。我转而向顾客说：‘我们公司犯下了不少错误，我实在深以为憾，请把你碰到的情形告诉我。’”

“这种方法显然消除了顾客的敌意。情绪一放松，顾客在处理事情的过程中就容易讲道理了。许多顾客对我的谅解态度表示感谢，其中有两个人后来还带了朋友来买车。在竞争激烈的市场上，我们很需要这样的顾客。而我相信，尊重顾客意见，对待顾客周到有理，都是赢得竞争的本钱。”

在与人相处的时候，和我们交往的不是度量不凡的超人，更不是

修炼到家的圣人；和我们来往的都是感情丰富的常人，甚至是充满偏见、傲慢和虚荣的怪人。超人和圣人能够虚怀若谷地对待别人的批评，但常人不能，怪人更不能。

所以，无论在生活和工作中，人与人之间的接触，不要对别人的错误过于敏感，不要执著于你自己所谓正确的意见，不要轻易刺激任何人。要记住一句话：你可以不同意对方的意见，但你要懂得尊重他人的意见。懂得尊重他人的意见，也会换来他人对你的尊重。

◆ 要给对方说话的机会

【大师箴言】

也许你会认为交际场上能说会道的人最受欢迎，其实，给别人说话机会的人才是真正会赢得人心的人。

在生活中许多人常易犯这样的毛病，一旦打开话匣子，就难以止住。其实，这种人得不偿失，因为他们自己付出的太多，话说得多了，既费精力，又给他人传递的信息太多，还可能伤害他人：另外，他们无法从他人身上吸取更多的东西，当然问题不在于别人太吝啬，而是他不给别人机会。

几年前，一家大汽车制造公司，计划采购全年所需的汽车座垫用布。有三家厂商做的样品通过了那家汽车公司高级职员的检验。并通知他们将在某一天确定把合同给谁。

保罗先生是其中一家厂商的代表，来参加商谈时，他因患严重的喉炎几乎不能说话，而对方的工程师、经理和董事长们正待他的发言。

他站起来想说却说不了。他们都坐在桌旁看着保罗先生，于是他就在一张纸上写出：“抱歉，我的嗓子不好，不能说话。”于是对方的董事长帮他展示了他的样品，并夸张了它好的地方，接着大家热情地针对好的地方议论起来。那位董事长因为要代表他介绍，议论时很自然地就偏向于保罗先生。保罗先生一言不发，只是微笑着点头做手势。

结果，保罗得到了总值200万的订单，这是他所得到的最大一笔合同。这让他意识到原来他准备应付整个情况的想法是错误的。很偶然的，保罗发现让对方来讲话，可以让结果更好。

某电气公司的约瑟夫·韦伯，在宾夕法尼亚州的一个富饶的荷兰移民地区做一次视察。“为什么这些人不使用电器呢?”经过一家管理良好的农庄时，他问该区的代表。

“他们一毛不拔，你无法卖给他们任何东西。”那位代表厌恶地回答，“此外，他们对公司火气很大。我试过了，一点希望也没有。”

也许真是一点希望也没有，但韦伯决定无论如何也要尝试一下，因此他敲响了尤根博格夫人家的门。

一看到那位公司的代表，尤根博格夫人立即就当着他们的面，把门砰的一声关起来。韦伯又敲门，她再次打开门。

“尤根博格夫人，”韦伯说，“很抱歉打扰了您，但我们来不是向您推销电器的，我只是要买一些鸡蛋罢了。”

尤根博格夫人把门开大一点，怀疑地瞧着他们。

“我注意到您那些可爱的多明尼克鸡，我想买一打鲜蛋。”

“你怎么知道我的鸡是多明尼克种?”尤根博格夫人好奇地问。

“我自己也养鸡，而我必须承认，我从没见过这么棒的多明尼克鸡。”

“那你为什么不吃自己的鸡蛋呢?”尤根博格夫人仍然有点怀疑。

“因为我家的鸡下的蛋是白皮的。做蛋糕的时候，最好是用红皮

的，而我太太很喜欢做蛋糕。”

到这时候，尤根博格夫人放心地走出来，态度温和了许多。韦伯趁机四处打量了一下，发现这家农合有一间修得很好看的奶牛棚。

于是，韦伯说：“我猜想，你养鸡所挣的钱，一定比你先生养乳牛挣的更多。”

尤根博格夫人一听这话笑了起来！随后，她领韦伯看了她的鸡棚。韦伯对尤根博格夫人鸡棚中各种小机械装置大为称赞，还对她讲起饲料和温度的话题，并向她请教了几个小问题。很快，他们在这种交流中都变得很愉快。

过了一会儿，尤根博格夫人告诉韦伯先生，她有些邻居在鸡棚里安了电器，听说效果不错。希望能得到他的建议，是否有必要装电器。

两周后，尤根博格夫人家里的那些多明尼克鸡就在电灯的照耀下，满足地叫唤了。

法国哲学家罗西法考说：“如果你要树敌人，就胜过你的朋友；但如果你要得到朋友，那就让你的朋友胜过你。”事实上，即使是我们的朋友，也宁愿对我们谈论他们自己的成就而不愿听我们吹嘘自己的成就。

人们的交谈是按照一定的顺序进行的，不是想说什么就说什么，想什么时候说就什么时候说。交谈时说者和听者双方互相配合才能使谈话愉快地进行下去。按照说者和听者互换位置的规则，交谈才能够平稳地进行下去。这种规则好像交通规则一样，即使没有警察指挥，大家也都知道要红灯停、绿灯行。交谈的规则虽然没有交通规则那样明显，但也是被严格遵守着的。

世界上著名的记者麦克逊说：“不肯留神去听人家的说话，这是不能受人欢迎的原因的一种。一般的人，他们只注意于自己应该怎样地说下去，绝不管人家要怎样地说。须知世界上多半是欢迎专心听人说话的人，很少欢迎总说自己话的人。”这几句话是确确实实的。但是，你喜欢人家听你的说话，你当推己及人，须知人家也喜欢有人听他说话的，换句话说，就是你欢喜人家听你说话，而你一直滔滔不绝地说着，要知道人家也希望你能够听人家说话，而使人家有滔滔不绝说一个痛快的机会。

◆ 懂得倾听，保持回应

【大师箴言】

你要衡量一下自己，少说话不是不说话，而是使自己有更多时间去倾听别人的说话，去思考，使自己说出来的每一句话都有分量，被别人重视，精彩的话语往往能在听者的心中激起千丈巨浪，给听众带来巨大的影响。

有位哲人曾说：“上帝给了我们两只耳朵，一张嘴，是让我们少说多听。”的确，听有时比说更为重要，更能体现出你对他人的尊重。然而遗憾的是，在与人说话时，很少有人让自己的耳朵充分发挥功能——倾听。

其实，倾听是一门艺术，当别人滔滔不绝时，你需要做的就是全神贯注地倾听，并通过赞同的微笑、肯定的点头，或者手势、体态等做出积极的反应，表现出对谈话内容的兴趣和谈话对方的尊重。

乔治·吉拉德是著名的汽车推销大王，在他一生的推销生涯中，总共卖出了一万多辆汽车，其中有一年卖出汽车一千四百二十五辆，这一记录被载入吉尼斯世纪大全中。在他的推销生涯中，有过这样一

次经历。

有一天，一位先生来向他买车，吉拉德展开如簧之舌向他介绍，眼看那位先生就要签单了，结果却放弃了购买，走了出去。

到了深夜十一点钟，吉拉德仍在沉思为何失败，不知道错在哪里。平时这时候，他是在回味这一天的成功呢！

吉拉德再也忍不住了，拿起电话打了过去，问那位先生为什么不买他的车。

“现在是晚上十一点钟。”对方不耐烦地说。

“我知道，很抱歉。但是您愿意告诉我究竟我哪儿错了吗？”

“真的？”

“绝对！”

“好，你在听吗？”

“非常专心！”

“但是今天下午你并不专心听话。”那位先生告诉吉拉德，他本来下定决心买车，可是在签字前最后一分钟犹豫了。因为当他提到自己的儿子杰克要进密执安州大学，准备当医生，杰克很有运动能力等时，吉拉德满不在乎，一点兴趣也没有。当时吉拉德一边准备收钱，一边听办公室门外另一位推销员讲笑话。

由此可见，倾听是一个内涵丰富的词汇，绝对不是一个简单地听与不听的问题。在社交活动中，人们倾注于会说、会写的精力是很多的，而很少注意会听的研究。然而交际的成功，与其会说，不如会听。不注意研究听的学问，必会造成职场交往中的大错。

正如世界最著名的影剧记者伊撒克·马士逊所说：“世上许多人之所以不能留给人良好的印象，正是因为他们不能耐心地做个好听众。”

在《陌生人在爱中》一书中，作者杰克乌弗讲述了这样一个故事：

迪特毛料公司在清理债务时，曾通知一位顾客，说他欠了 15 美元的货款，请予归还。这位顾客寻找了一番未找到有关账单，便怒气冲冲地专程跑到该公司经理办公室，声明他绝对不欠该公司的钱，还声明今后绝对不再买该公司的东西了。接待他的公司经理迪特先生耐心地从头到尾听他讲了一遍，还对他专程来芝加哥为公司提意见表示深切地感谢，并承认错误可能出在公司方面。接着，他又热心地向该顾客推荐了许多其他毛料公司的产品，悉心为他充当参谋。最后还请他一同进餐。经理的这一系列行动打消了顾客的怒气，他当即丢开了有关 15 美元的账单纠纷，又和该公司签了一大笔订单。该顾客回去后又仔细地检查了自己的账单，终于发现有一张账单放错了位置。他立刻补去一张 15 美元的支票，还写了一段道歉的话。

综观这一人际交往过程，迪特先生的主要行动就是倾听，即使顾客发誓不买他们货物时，他仍尊重、附和顾客的意愿，以真挚和诚恳改变了顾客的态度和行为，足见倾听比说服更有威力。

倾听并不是消极的行为，它是积极的行为。听者对于交谈的投入绝不亚于说话者。人们不能真正去听的原因是如果他们这样做了，他们就不得不受外界新信息的影响，他们必须面对别人对世界的看法。在这些新知识和新感悟的基础上，他们就必须改变他们自己的观点和已经形成的看法。

那么，怎样做一个好听众呢？

1. 别人讲话时要专心听。当有人在和我们讲话时，眼睛要注视着对方，手里不能做其他事情，否则会被人认为是不尊重自己的表现。即使说话的一方地位比你低，年龄比你小，你也应该专心听他讲话。

2. 偶尔插上一、两句话。如果从头到尾什么也不说，气氛肯定也不好。假如在适当的时候插上一句话也很好，表示你在认真地听；没

有听清楚时可以问一下，不要以为这样做对方不高兴，事实上这正好表明了你关心他的话题。

3. 不要抢话。不要在提问时乘机抢过对方的话题，滔滔不绝地说，除非对方的话已说完。

4. 在听对方说话的过程中，如果对方的话中出现了错误，不要立即打断他的话，去纠正他的错误，更不能因此而在脸上流露出轻蔑的神气，否则，就会伤害对方的自尊心。

5. 如果对对方的话不感兴趣，也不能立马打断对方的话。你可以巧妙地引出另外一个话题，而这个话题是你感兴趣、对方也很熟悉的。

◆ 潜移默化，巧妙达意

【大师箴言】

一句话可以表达出不同的含义，因而人们有时可以根据需要对语句的含义做出巧妙解释，委婉含蓄地达到交际、办事的目的。

说话一定要讲究口才策略，不能毫无遮拦地脱口而出，必要的时候将话说得委婉、曲折，运用打圈绕弯的口才艺术，可以将一些原本难以言传的情形，巧妙地采用一些与主题毫不相关的话语做引导，绕弯而实现与主题发生联系，以实现真实意图和目的，使原本窘迫的话题变得柳暗花明。

伽利略在年轻时，就立志要在科学研究方面有所成就，因此他希望得到父亲的支持和帮助。某天，他对父亲说：“父亲，我想问你一件事，是什么促成了您与母亲的婚事？”

父亲说：“因为你的母亲十分吸引我。”

伽利略又问：“那您有没有娶过别的女人？”

父亲说：“没有，孩子。家人曾经要我娶一位富有的女士，可是我只钟情于你母亲，而且她从前可是一位风姿绰约、令人倾慕不已的女孩。”

伽利略说：“您说得一点也没错，她现在依然风韵犹存，而您不曾娶过别的女人，因为您爱的是她。可是您知道吗？我现在也面临同样的处境！除了科学以外，我不可能选择别的职业，因为我喜爱的正是科学，其他事物对我而言，都是毫无用途与吸引力！难道我要去追求财富或是荣誉？科学是我唯一的需要，甚至我对它的爱，就犹如对一位美貌女孩的倾慕。”

父亲说：“像倾慕女孩那样？你怎么会这样说呢？”

伽利略说：“一点也没错！亲爱的父亲，我已经18岁了！别的学生，哪怕是最穷的学生也都已想到自己的婚事，可是我却从没想过，因为别人都想寻求一位可人的女孩当终生伴侣，我却只愿与科学为伴。”

父亲始终没有说话，只是静静听着。

伽利略继续说：“亲爱的父亲，您有才干但没有力量，可是我未来却能兼而有之，为什么您不能帮助我达成自己的愿望呢？我一定会成为一位杰出的学者，并且获得教授身份，如此，我的生命将因有科学的存在而比别人生活得更好。”

父亲为难地说：“可是我没有钱供你上学。”

伽利略激动地说：“父亲，您听我说，很多穷学生都能领取奖学金，这些钱是公爵宫廷给的，我为什么不能去领一份奖学金呢？您在佛罗伦萨有许多朋友，交情也都不错，他们一定会尽力帮助您的，也

许您能到宫廷去处理这件事，我们只需要请他们去问问公爵的老师奥斯蒂罗利希就行了，他了解我，知道我的能力!”

父亲被说动了：“嗯，你说得有理，这是个好主意。”

伽利略抓住父亲的手，开心地说：“父亲，求您尽力而为，而我向您表示感激的唯一方式，就是我保证自己将来必定会成为一个伟大的科学家!”

伽利略最后终于说服了父亲，进而实现了自己的理想与抱负，日后更是成为一位世界闻名的科学家。

人与人之间，很难在初次认识时就产生共鸣，往往必须先引起对方想与你交谈的兴趣，并在经过一番深入对谈后，才能让彼此更加了解。而当你想尝试说服他人，或是对他人有所请求时，这样的论点也同样适用。你不妨先避开对方的忌讳，转而从对方感兴趣的话题谈起，而且不要太早暴露自己的意图，等到对方一步步地赞同你的想法后，他们已是不自觉地认同你的观点了。

一位法国企业家拉梯哀前往印度新德里找拉尔将军谈一桩飞机买卖。

拉梯哀到了新德里之后，几次约将军洽谈，都未能如愿。拉梯哀最后总算找到了拉尔将军。他在电话里只字不提飞机合同的事，只是说，“我到加尔各答去，专程到新德里以私人名义来拜访将军阁下，只要 10 分钟，我就满足了。”拉尔勉勉强强地答应了。

秘书引着拉梯哀走进将军办公室，板着脸嘱咐说：“将军很忙!请勿多占时间!”拉梯哀心想：太冷漠了，看来生意十有八九要告吹。“您好，拉梯哀先生!”将军出于礼貌伸出了手，想三言两语把客人打发走。

“将军阁下！您好!”拉梯哀表情真挚、坦率地说：“我衷心向您表示谢意，感谢您对敝公司采取如此强硬的态度……”

"……?"将军一时莫名其妙。

"因为您使我得到一个十分幸运的机会：在我过生日的这一天，又回到自己的出生地。"

"先生，您出生在印度吗?"将军微笑了。

"是的!"拉梯哀开始他的话题，1929年3月4日，我出生在贵国名城加尔各答。当时，我的父亲是法国歇尔公司驻印度代表。印度人民是好客的，我们全家的生活得到了很好的照顾。"

拉梯哀动情的语言把拉尔将军深深感动了。当即提出邀请说："您能来印度过生日太好了，今天我想请您共进午餐，表示对您生日的祝贺。"

在汽车驶往餐厅途中，拉梯哀打开公文包，取出一张颜色已经泛黄的照片，双手捧着。恭恭敬敬地展示在将军面前："将军阁下，您看这个人是谁?"

"这不是圣雄甘地吗?"

"是呀，您再瞧瞧左边那个小孩，那就是我。4岁时，我和父母一道回国，途中，十分幸运地和圣雄甘地同乘一条轮船，这张合影照片就是那次在船上拍的，我父亲一直把它珍藏着。这次，我要去拜谒圣雄甘地的陵墓……"

"我非常感谢你对圣雄甘地和印度人民的友好感情。"将军高兴地说。

可想而知，午餐是在亲切融洽的气氛中进行的。

当拉梯哀告别将军时，这宗大买卖已经拍板成交了。

无论在什么情况下，我们都不应该把自己的意见硬塞给别人，而应该采取其他的一些技巧，把自己的意见巧妙地"植入"对方大脑中，这样不但能使对方接受你的意见，甚至可以达到峰回路转、化险为夷的效果。

◆ 话语中肯，言之有物

【大师箴言】

成功的人对于有把握的事情才表示意见，并且言之有物；失败的人对于所知有限，甚至全然无知的事情也信口开河。

“听众的反应，将决定演讲的成败。把他们当作‘企业里的伙伴’，谦逊地包容，便掌握了打开听众心扉的钥匙。”这句话在罗素康威尔著名的讲演《如何寻找自己》中，先后出现过近6000次。

激情的演讲，真诚的口才是必须的，而真诚的口才还须建立在两个基础之上：话语中肯，朴实而合乎情理，这会让人听起来不像是在狡辩；言之有物，这会让你听起来不像是在夸夸其谈，而是在讲听众所关心的、实际的东西。

美国有个男子找到一家律师事务所，想请一位律师。当他告诉律师自己想和妻子离婚时，律师问他是出于什么动机？

这位男子对律师坦言：自己的妻子很漂亮，饭菜做得也很好吃，是个贤妻良母型的女人。

律师很纳闷，就问：“既然她这么好，你我们还要离婚呢？”

这个男子说：“她总在我的耳边喋喋不休，不停的说，这让我受不了。”

律师又问：“她在说些什么呢？”

男人回答：“我最讨厌的正就是这一点，她从来都没有把话说清楚过。”

这个家庭的悲剧是妻子不善口才技巧，说得丈夫云里雾里的，让丈夫心里很烦躁，最后走向离婚的边缘。

因此，说话的语气不但要中肯，而且要言之有物。这不仅可以改变你的生活，还能培养你高超的口才技能，使你在公众演讲或谈判中语出惊人。

1915 年，科罗拉多州爆发了我国工业史上最有名的一次工人大罢工。科罗拉多煤铁公司的工人为了改善待遇举行了罢工，但是因为有关部门处理不当，罢工最终演变成了流血事件，工人和工厂方面开始尖锐对立。

那时候，管理矿务的人是石油大王洛克菲勒的儿子。他最初使用了高压手段，请出军队进行镇压，非但没有收到很好的效果，反而致使双方的矛盾激化。后来，他意识到使用这样的手段处理问题是无济于事的，小洛克菲勒改变了策略，开始采取温和的手段来解决矛盾。他把罢工的事情放在一边，而是前往各位工人的家中慰问，使双方的矛盾慢慢得以缓和。后来，他召集罢工运动的代表们参加谈判会议，在会议上他说了一段十分打动人的话，正是因为有了这段话，才结束了剑拔弩张的一场长达两年之久的工人罢工运动。他当时是这样说的：

“对我来说，这辈子，今天是最值得纪念的日子。我十分荣幸能与各位代表相识。如果时间能倒回两个星期，那么我在这里完全是面对一群陌生人，因为那时候，我在诸位中认识的没几个。后来，我有机会去南煤区的各个帐篷，和代表们也有过一次私人的个别谈话。我看了诸位的家庭，会见了你们的家人。诸位对我十分客气，把我当成了朋友。现在，我们本着朋友之间的友谊，来共同讨论我们的公共利益，这将会使诸位都非常高兴。参加这次会议的是工厂和职工的代表，正是因为你们，我才有幸跟诸位成了朋友，有幸站在这里跟诸位一起为解决矛盾而努力。对于这些，我是终生不会忘记的。从今天开始，

我们的前途是一片光明。对我个人而言，今天我虽然代表着工厂的董事会，可是，我和诸位却是站在一起的。因为我觉得，我和诸位有着密切的联系和友谊。我希望就我们共同关心的话题展开讨论。让我们从长计议，想出一个令大家都满意的解决办法，因为，这是对大家都有益的事情……”

小洛克菲勒的话谈不上很有文采，也谈不上有多精彩，但是却透着一股浓郁的人情味和真诚的情怀。他让代表们明白，他确实是在为他们的利益考虑的。所以，工人们才被他的真诚打动了。

要做到话语中肯，就必须以真诚的态度和话语对待他人，使自己的话真诚可信、言之有物。像上面小洛克菲勒的讲话，就是因为始终围绕着工人的利益，从工人的立场出发，才让对方觉得一点都不空泛，而且确实很有道理，这样才能显示口才真诚中肯的说服魅力。

左藤和井田分别为大岛和青木发表助选演说，左藤在镇上非常有名气，他言辞流利，口若悬河。在一片热烈的掌声中，佐藤举步上台，微笑着向群众致意。

“父老乡亲们，朋友们！选票就是炸弹，民主政治的命运操纵在诸位手上。”

“论人品、知识、健康、热忱和开创力，大岛都是公认的一流人才，他值得信赖的地方就不用我多用唇舌了。然而，大岛正处于孤立无援的苦战之中，希望诸位能够把你最诚意的一票，赐给大岛先生。”

“现在已是选举活动的尾声，这正是几位候选人相互指斥对方，宣扬个人，言论到达高潮的时候，也是最容易遭受谣言困惑的时候。此时此地我们应该认清幸福和理想的实现，必须依赖于大家神圣的一票。”

井田来到台上，他有些口吃地发表演讲。

“我是井田村畜牧场的负责人，是青木三郎的助选代表。”

“青木三郎先生喜欢本镇，关心镇民。前些天下暴雨的时候，他很早就起床了，穿上雨鞋带着铲子，到低洼的地方去巡视。由于当时我在装货，因此恰巧看见了。我还记得一件事，那是关于帮助养老院的事，早在六年以前，青木三郎先生就开始照顾养老院的老人！每逢节庆假日就给老人们送去水果、鸡蛋，竭尽全力为老人们排除生活上的困难。一句话，他是一个非常有爱心和热心的人。”

“唉！我认为我们需要真正为本镇尽心尽力的镇长。青木三郎先生就是这样能够贡献自己的全部力量，改善本镇人民生活状况的最佳人选。”

虽然佐藤的演说非常流利，词藻华丽而丰富，但全场的听众显然更倾向于井田，给他最热烈的掌声。

有什么比这样说话更具有感情的呢？难道你认为人们在听了这么真诚的话语之后，就能不为所动吗？

因此，如果你想要打动对方，最好的做法就是让你的话说得中肯而言之有物。有理有辞的演讲最能征服人心。

第四章　让别人信服你的口才艺术

◆ 敢于承认自己的错误

【大师箴言】

如果你是对的，就要试着温和地、技巧地让对方同意你；而如果你错了，就要迅速而热诚地承认。这要比为自己争辩有效和有趣得多。

费丁南·华伦是一位商业艺术家，他由于勇于认错，从而赢得了一位暴躁易怒的艺术品主顾的好印象。

精确，一丝不苟，是绘制商业广告和出版物的最重要的品质。有些艺术编辑要求他们的任务立刻完成，在这种情形下，难免会发生一些小错误。有一位艺术组长总喜欢从鸡蛋里挑骨头。华伦离开他的办公室时，总觉得倒胃口，不是因为他的批评，而是因为他攻击华伦的方法。

最近华伦交了一篇加急的稿件给他，他打电话给华伦，要他立刻到他办公室去，说是出了问题。当华伦赶到办公室之后，正如他所料——麻烦来了。艺术组长满怀敌意，高兴有了挑剔华伦的机会。

华伦说："先生，我的失误一定不可原谅，我为你画稿这么多年，实在该知道怎么画才对。我觉得惭愧。"

艺术组长听了华伦的话，立刻为他辩护起来。“是的，你的话并没有错，不过毕竟这不是一个严重的错误。只是……”

华伦打断了他。“任何错误，”他说，“代价可能都很大，叫人不舒服。”

艺术组长开始插嘴，但华伦不让他插嘴。

“我应该更小心一点才对，”华伦继续说，“你给我的工作很多，照理应该使你满意，因此我打算重新再来。”

“不！不！”艺术组长反对起来，“我不想那样麻烦你。”他开始赞扬华伦的作品，告诉他只需要稍微修改就行了，又说一点小错误不会花他公司多少钱；毕竟，这只是小错，不值得担心。

华伦急切地批评自己，使艺术组长怒气全消，他还邀华伦共进午餐，分手之前他给了华伦一张支票，又交给他另一件工作。

每个人都会犯错误，尤其是当你精神不佳、工作繁忙、承受太沉重的生活压力时，偶尔不小心犯错是很普通的事情，关键是犯错后要用正确的态度对待它。

一个人要有勇气承认自己的错误，也可以获得某种程度的满足感，而且有助于解决这项错误所导致的问题。

新墨西哥州阿布库克市的布鲁士·哈威，错误地核准给一位请病假的员工全薪。在他发现这错误之后，就告诉这位员工，并且解释说必须纠正这项错误，他要在下次薪水支票中减去多付的薪水金额。这位员工说这样做会给他带来严重的财务问题，因此请求分期扣回他多领的薪水。但这样哈威必须先获得上级的核准。“我知道这样做，一定会使老板大为不满。在我考虑如何以更好的方式来处理这种情况的时候，我了解到这一切的混乱都是我的错误，我必须向老板承认错误。”哈威说。

于是他坦诚地告诉老板自己犯了一个错误，给他讲了整个情形。

老板却说这是人事部门的错误，哈威坚持说这是自己的错误。老板又说这是会计部门的疏忽，哈威又解释说这是他的错误。老板又责怪办公室的另外两个同事，但他一再解释是自己错了。最后老板看了看哈威，说："好吧，这是你的错，把它解决了吧。"这项错误改正了，没有给任何人带来麻烦。自那以后，老板更加看重哈威了。

可见，当一个人承认错误之后，不但没有遇到想象中的麻烦，反而获得了某种程度上的放松感。

即使傻瓜也会为自己的错误辩护，但能在人际交往中坦诚地承认自己的错误！就会取得对方的谅解。而这种气质，常常是为人所欣赏的高雅的气质。

◆ 调整角度，激发对方高尚的动机

【大师箴言】

每个人都是自己内心的理想家，都把自己看得很高尚，都喜欢把自己行为的动机赋予一种良好的解释。因此要改变一个人的意志，需要激发他高尚的动机。

密苏里州的卡梅镇，是当年匪魁奇西·詹姆斯的故乡，奇西的儿子还生活在那里。

奇西儿子的妻子会对所有采访的人说，当年奇西如何抢劫银行、火车；然后把抢来的钱，布施给贫穷的邻居，让他们去赎回典押出去的田地。

在当时奇西·詹姆斯的心目中，可能自以为他是个英雄了。正如以后的苏尔兹、“双枪杀手”科拉雷和卡邦一样。可以这么说，凡你所见到的人，甚至你照镜子时所看到的那个人，都会把自己看得很高尚，他对自己的估计，都希望是善良而不是自私的。

银行家培庞·摩根，在他写的一篇文稿中说：人会做一件事，都有两种理由存在。一种是看起来很好，一种是的确很好。

人们会时常想到那个真实的理由，而我们都是自己内心的理想家，较喜欢想高尚的动机。所以要改变一个人的意志，需要激发他高尚的动机。

汉密尔顿的法瑞有一个很挑剔的房客，扬言要搬离他的公寓。但这房客的租约，尚有四个月才期满，每个月的租金是五十五元，可是他却声称立即就要搬，不管租约那回事。

这个房客，已在法瑞这里住了一个冬季。如果他们搬走了的话，在这个秋季前，这房子是不容易租出去的。眼看二百二十元，就要从口袋飞走了，法瑞实在是着急。如在以前，法端一定找那个房客，要他把租约重念一遍，并向他指出，如果现在搬走，那四个月的租金，仍须全部付清。

可是，这次法瑞只是向他这样说：“先生，听说你准备搬家，可是我不相信那是真的。我从多方面的经验来推断，我看出你是一位说话有信用的人，而且我可以跟自己打赌，你就是这样的一个人。”

这房客静静的听着，没有作任何的表示，接着法瑞提出了一个建议，让房客将他所决定的事，先暂时搁在一边，不妨再考虑一下。并给了他充裕的时间，如果到时候还是决定要搬的话，法瑞说他将会接受他的要求。

最后，法瑞一再强调他相信对方是个讲信用的人，会遵守自己的合约。

事情果然不出法瑞所料，到了下个月这位先生自己来见他，并且

付了房租。并说，这件事已经跟他太太商量过，他们决定继续住下去。他们都认为至少应该住到期满。

已故的洛史克力夫爵士发现一份报刊上，刊登出一张他不愿意刊登的相片，他就写了一封信给那家报社的编辑。他那封信上没有这样说："请勿再刊登我那张相片，因为我不喜欢。"他想激起高尚的动机，他知道每个人都敬爱自己的母亲，所以他在那封信上，换上另外一种口气说："由于家母不喜欢那张相片，所以贵报以后请勿刊登出来。"

当约翰·洛克菲勒要阻止摄影记者拍他子女的相片时，便想起一个人人都不愿伤害儿童的高尚动机。他对记者们这样说："诸位，我相信你们之中有很多都是孩子们的爸爸，如果让孩子们成了新闻人物，那并不是适宜的。"

希鲁斯·寇帝斯，这位来自缅因州的贫穷青年人，经过一番奋斗后，终于成为百万富翁，拥有《星期六晚邮》和《妇女家庭月刊》。他创办之初，不能像别家的报纸、杂志一样，付出高价买稿子。他没有能力聘请国内第一流作家替他执笔撰稿，可是，他运用了人们高尚的动机。

例如，他会请《小妇人》的作家奥尔克特为他撰写稿子，并且当时是她声望最高的时候。柯狄斯所使用的方法很突出，他签了一张一百元的支票，他不是把支票给奥尔克特，而是捐助给她最喜欢的一个慈善机构。

或许有人会怀疑的说："以这种手法，用在洛史克力夫、约翰·洛克菲勒和富于情感的小说家身上，或许会有效。可是，朋友，你这种方法，如果用在那些难缠的人身上，是不是一样有效？"

不错，没有一样东西，能在任何情形下，产生同样的效果；没有一样东西，能在所有人身上都发生效力。如果你满意你现在所得到的结果，那又何必再改变呢？假如你认为不满意的话，那就不妨试验一下。

◆ 态度取胜，把批评转化为建议

【大师箴言】

批评就像家鸽，它们会回来的。如果你我明天要造成一种历经数十年直到死亡才消失的反感，只要轻轻吐出一句恶毒的评语就得了。

在生活中，几乎没有人愿意听批评的话语。但是，一些高明的说话者却能充分运用语言的魅力，把批评的话语不露痕迹地说出口，使接受者在心悦诚服的同时，能立即改正自己的不足。那么，这些口才高手的高明之处在哪里呢？答案很简单，即把批评的话语含蓄、委婉地表达出来。

马克·吐温是美国的一位著名的作家。一次，他到某地旅店投宿，人家早告诉他此地蚊子特别多，叮起人来特别厉害。马克·吐温特别担心晚上是否能安稳睡觉，想要事先对服务员打个招呼，又觉得这样做效果未必好，因为服务员不一定乐意接受。

当马克·吐温在服务台登记房间时，一只蚊子正好飞过来。他灵机一动，马上对服务员说："早听说贵地的蚊子十分聪明，果然如此。它竟然会预先来看我的房间号码，以便夜晚光临，饱餐一顿。"

服务员们听了不禁大笑起来，结果就记住了房间号码，并相应地采取一系列防蚊措施，使马克·吐温一夜睡得很好。

在这里，如果马克·吐温生硬地告诉服务员要怎样赶蚊子，就不一定能达到这种效果。他的话风趣而委婉，让服务员易于接受，当然也就乐意尽心服务了。

会说话是本事，而在批评人时，将语言运用到恰到好处，则是一个口才高手所具备的素质，也就是说所谓的“会批评人”，即指能游刃有余地把握好批评的尺度，甚至能在幽默、风趣的语言中，隐含自己的批评，这样的批评能达到“教人使其不惊，育人使其自省”的效果。

某服装公司的待遇很差，员工苦不堪言。公司经理之所以不肯改善员工的待遇，是因为他认为下级员工是庸才，对公司不够忠心，工作不努力，而且多数人兼职。当有人拿其他同性质的公司作对比时，该经理说，他们公司的员工都是正途出身，不像我的下属是杂牌军。

有一天，该公司的一位主管针对公司近来迟到人数逐渐增多这一现象，对经理说：“初级员工简直没法到公司上班。”

“为什么?”经理奇怪地问。

“打车吧，觉得车费太贵；坐电车吧，又苦于挤不上去；而且每月所出的电车费，也不胜负担，让他们怎样才能解决这个问题呢?”这位主管说。

“以步当车，一文不费，而且可以借此运动身体，不是好的办法么?”经理说。

“不行，鞋袜走破了，他们买不起新的。我倒有一个办法，希望经理出一个布告，提倡赤足运动，号召大家赤脚走路上班，这个问题不就解决了么？谁让他们命运太坏，生在这个时候？谁让他们不去想发财的门路，却当苦命的员工？他们坐不起电车、打不起出租车，也不能鞋袜整齐地到公司上班，都是活该!”主管摇了摇头。

这位主管一面说，一面笑，说得公司经理也不好意思起来，只好同意改善一下部属的待遇。

在这里，该公司主管批评经理的方法就是“嬉笑怒骂”。他用责备下属的语气，尽情表露他们的苦衷，用反面的方式表达正面意思：公司待遇太低。在语气上是嬉笑，实质上是批评。

因此，当我们不得不批评他人时，语气一定要含蓄、委婉，这样被批评者就容易接受，因为对方认为你的委婉是给了他“面子”，感激之余，也就会努力地去改正。反之，如果批评者语气粗鲁，直言不讳，就会伤了对方的自尊，从而令人心生反感，这样的批评往往事与愿违，达不到教育人的目的。

某公司的一个情报主管，因为提供错误的市场信息而导致企业决策失误，造成了企业的重大损失。对于这样严重的错误，总经理完全可以将情报主管撤职。但这位总经理并没有急于做出处理，他考虑了两点因素：第一，目前还找不到一个更适合的人选来代替这个部门经理的职务，一旦将他撤职将会影响工作。第二是这位情报主管可能是“好马失蹄”，由于一时大意而出现判断错误。如果冒然将他裁撤，那么他就会毁掉一员大将，一个人才。于是，总经理把这个情报主管找来，告诉他自己即将要对这个错误事件做出一定的处理，但没有明确的告诉他具体如何处理。

事情就这样拖下来了。在这段时间里，犯了错的情报主管为挽回错误，一直兢兢业业地工作，为企业的决策多次提供了很有价值的信息，做出了贡献，他用事实证明上次的失误是意外，他做这项工作是称职的。

对此，总经理十分满意。于是，总经理再次将他叫去，对他说，这一段时间他的表现非常好，公司本来准备给他嘉奖，但是由于上次的失误还未没有进行处理，所以，公司决定既不嘉奖，也不处分，既不升也不降，将功抵过，功过抵消。

任何具有上进心的人都不愿犯错误，何况你这样做的目的只是让他改进工作，而不是贬损他的人格。被批评者认识到你完全是为他好，且顾全他的面子，必会对你心存感激，你说的话，他也能听得进去了。就如总经理采用这种处理方法令该情报科长以及其他下属心服口服，不但没有影响工作，还取得了很好的批评效果。

事实上，很多批评都是善意的，是真诚地想帮助对方改正某些错误，但往往由于措辞不当，导致对方反感，根本无法实现批评教育人的目的。

因此说批评话的时候，一定要注意轻重适当，否则就有悖于批评的“治病救人”目的了。俗话说“世界上没有不犯错误的人”。当我们面对着一个犯有某种过错的人时，能够做的补救措施之一，就是用语言向对方指点迷津，促其浪子回头、迷途知返。不过，批评犯有过错的人，与平常的说话是有较大差异的：过或不及，都难于取得令对方口服心服的效果。因此，批评或劝诫都必须把握言语内容、言语形式和言语分寸。

◆ 就事论事，避免不必要的争论

【大师箴言】

人的心意是不会因为争论而改变的，在争论中获取的唯一方式就是避免争论，要像躲避毒蛇那样躲避争论。

想想，能与你坐在一个桌子上进行谈判的人，不是你的合作伙伴，就是你的对手，他绝对不是你的敌人。如果是你的敌人，你们就不会坐在一起进行谈判了。你应该把对方和你们所谈论的问题区别对待，不然你将没有办法理智、客观地看待这个问题。不管事实如何，都要想象你的对手是一个理智、有礼貌和讲道理的人，你们正在就共同的利益达成一致的意见，而不是在相互争夺利益。你们正在商量，而不是在争论。

谈判是一项合作的事业，客观公正、人事两分是合作的前提和基础，也是谈判者修养素质的体现。

作为一个具有战略眼光的谈判家，他不仅应该具有一种兼容并包的胸怀，更应该具备一种高屋建瓴的睿智。他永远着眼于长远，着眼于未来，而不仅仅是把目光局限在一锤子买卖上。他所追求的是一种长期的合作关系，一种共同承担风险的气度。因此在谈判中都非常注重建立和维护双方的友好关系，把争论和冲突的焦点集中在“事”上，所攻击的是“问题”的本身，而不是“人”本身。

在谈到人事两分的问题上，我们不得不提到日本一家企业的工人在一次罢工事件中所体现出的修养与气度。

在一家由美国人投资经营的日本工厂中，因为劳资纠纷，工人举行了罢工，据美方经理介绍：工人早在六周前就向资方提出了警告，举行罢工的当天，双方经过协商达成了一致的意见，罢工结束之后，工人们主动打扫了示威场地，清理了满地的烟头、咖啡杯，恢复了原来清洁的面貌。第二天，工人们又自发加班，完成了因罢工而拖欠的生产任务。美方经理对此种做法非常不解，就询问其中的一位罢工工人，这位工人是这样回答他的：“我们对资方有些意见，要想让您知道我们对此事是极其严肃的，唯一的办法就是举行罢工；但这也是我们的公司，我们不愿让您认为我们对公司是不忠诚的。”

这位工人的回答给我们的谈判问题拓展了一条新的思路，那就是：在谈判中基于我们对对方提出的某一条款有意见，我们不得不言辞犀利，那是因为我们希望对手知道我们对此事的重视程度和严肃性，我们

并不想搞僵双方的关系，我们进行谈判的目的在于谋求一种互利、共利的结局。由此看来，谈判中双方必须遵守的一个很重要的原则就是——客观公平，对事不对人。如果谈判中出现了争执，争论的焦点应该集中在具体的问题身上，就事论事，切忌对对手进行人身攻击。

在剖析了谈判的双胜原则之后，我们借用一位谈判专家这段意味深长的话：我们说人与人不同，但也不是复杂的，他们只是希望满足自己的需要。如果我的需要跟你的不同，并非意味着我们是真正敌对的。所以，我若能采取正确的方式方法接近你，同时我们把事态转变为满足双方的需要，那么我们双方都是胜利者。

事实上，在复杂多变的谈判中，其公平的标准是多种多样的，就好比企业给员工发红包，工作出色的多分，成绩平平的少分，其标准是“奉献的多少”；德高望重的多分，初入职场的少分，其标准是“资历的深浅”；主管人员多分，普通员工少分，其标准是“职务的高低”。总而言之，不同的分配方法相对于不同的标准而言都可以说是公平的，至于具体的谈判适用于何种标准，这中间大有文章可做。

你应该把你的注意力放到事情本身上，而不是你个人的感觉和情绪上。你不要主观地认为事情是个什么样子，你应该看到事情的实际情况，因为那些主观性的东西往往会影响甚至决定一个人对某件事情的看法。

在谈判中，双方在试图缩小分歧，达到共赢，这就要求在运用口才之前必须保持清醒的头脑，而不要被成见和思维定式所束缚。就这件事情本身，用正确的方法去思考，而不能以你以前怎样判断或解决这件事情，而要以现在如何面对、解决这个问题上。每一件事情都会有它的特殊性——虽然也有不少的共同点，关键在于，你不知道决定这件事情性质的究竟是哪种特点。

因此，你最好实事求是地从讨论的事情本身去思考解决的办法。

遵循“双赢”法则。“双赢”是谈判取得成功所应遵循的不二法则。虽然现代社会充满了尔虞我诈，但是面对谈判决不能过于急功近利。许多谈判的结果并不理想，正是因为谈判者过于固守自身利益而忽略或牺牲了对方的利益，未能理解“双赢”的含义，结果导致谈判失败。受访专家根据多年的谈判经验为我们分析了谈判者陷入这一困境的主要原因：

1. 理论上的“双赢”与现实谈判中的双赢存在一条难以逾越的思想鸿沟——谈判双方的利益最大化。

2. 谈判者错把“双赢”当作谈判技巧。“双赢”是谈判遵循的法则，是成功的谈判结果。不是谈判技巧决定双赢的结果，而是谈判者的观念决定双赢，谈判技巧是为人所用的，谈判者树立怎样的观念直接决定了他将采取怎样的谈判策略，并应用相关谈判技巧。

3. 谈判者误认为一方所得，即一方所失。许多谈判者错误的认为，谈判具有“零和效应”，向对方作出的让步就是自己的损失。

如何走出这样的困境？受访专家总结了自己在谈判成长道路上的经验，也许能给我们带来一些启发，寻求一条谈判道路上快速成长的捷径。我们应该彻底抛弃“独占一块大饼”的谈判思想，树立“谈判无输家”的观念，正确理解“双赢”的含义。每个谈判都有潜在的双方共同利益，而共同利益就意味着商业机会，谈判者应该考虑如何将双方的共同利益最大化，寻求可持续性的长远合作和发展。一味的满足一方的利益，追求一方的“胜利”，可能将导致长久的失败——失去再次合作的机会。真正站在谈判的主体和客体之间寻找一个双方能够达成共识的焦点，不仅要考虑自己的利益，同时要考虑对方的利益，不仅要考虑眼前的利益，更要考虑合作关系持续发展的价值。因此，真正成功的谈判是寻求双方共同的发展，真正的成功是大成功，这就是“双赢”的真正含义。

伊沃·昂特在其所著的《谈判无输家》一书中，讲了一个很有典型意义的小例子也许正能说明这一点："一位买方收到报价：14750 美元，提供 10 台计算机及相应的软件，报价包括送货及安装软件。买主研究了几份价格较低的相似的报价后，要求卖主把价格降低到 12500 美元。对卖主来说，底价是 12875 美元，低于这个价就有损失。卖主这时想：我们能附加什么服务或什么设备才能增加买主采购的价值呢？如果我们提出让买方的 5 名职员学习 WORD，那对我们意味着什么呢？我们每周都举办这样的培训班，每个参加者的收费是 187.50 美元。另一方面，在培训班里总有 1 至 2 个名额是空缺的。如果买方接受这种安排，我们的花费并不增加。"

这个事例中，买方的精明之处就是能以事论事，从事情的本身出发，寻求更多双赢的机会。

◆ 杜绝虚谈，以事实和数据说话

【大师箴言】

要想让别人接受自己的观点，最理想的方法就是多运用数据。我们可以在与人谈话或写工作计划时，多引用一些相关的、准确的数据，这样就能增加自己的说服力。

在叙事型演讲或谈话中，演说者要从生活中实实在在的事说起，以事才能明理。这在演讲和说话中是一条非常重要的思路。

叙事型演讲是通过通俗易懂和生动感人的经验、事例引发出深刻而令人深思的道理。它不能是生硬、机械地空谈道理，而是讲述一些实实在在的道理，丝丝入扣地分析事理。一句话，善于这样做的人懂得，哪怕是最好的调料，也不能一勺一勺地填入听众口中，而只能撒在汤中，浇在菜里，恰到好处，适可而止。

有一位牧师在布道演说中这样说教：

兄弟姐妹们，请大家把头抬起来，看看上边，看看气窗和天窗，看看上面的玻璃，是否明亮？是否像在室外一样看到蓝天和太阳？请兄弟姐妹们把头低下来，看看下边，看看地板上，是否干净？是否有一片纸屑、一口痰迹？请兄弟姐妹们把手伸出来，把双手都伸出来，摸摸凳子上面再摸摸扶手，看看你们的手掌，是否有一星尘埃、一点污迹？你们看看左边再看看右边，看看每一个窗台，看看窗台上的每一盆花、一盆一盆看过去，有没有发现一片黄叶？是不是每一盆花、每一朵花都开得正好？一切都做得很好，好得不能再好，是不是呢？然而我们却不知道是谁做了这些事。当然，一定有人做了这样的事。兄弟姐妹们，是谁做了这样的好事？我们不想把做了好事的人一个个指给大家看，也不应该把这样的好人一个个指给大家看。兄弟姐妹们，看看你们的左边，看看你们的右边，看看你们的前面或是后面，做了好事的人就在你的身边。你们相互看一眼，笑一笑，就这样好了，也就足够了。有心做好事的人，不愿意人们知道他，但做了好事的人，你是一眼就可以看得出来的，做了好事心里就满足，就愉快，他的神情就温暖，就慈爱。做了好事的人心理很清楚，是谁来得最早，谁是第一，谁是第二，谁带的抹布，谁带的扫把，谁送的鲜花……

这里，说话者从刚刚发生在人们身边真实的事情说起，平稳自然地把一些做事和做人的道理寓于其中，让人们切肤地体会到身边的小事都需要每一个充满爱心的人去做。

从生活中存在的事情说起，这样做更能增加演讲的感染力和说服力。只有在事实以及基于事实的一系列基本判断真实可信的条件下才

能得出富于说服力的结论。因此，演讲者和说话者必须学会一定的技巧，以强化基本事实和判断的可信度。

语言在人们生活中是最简单、最平凡、也是最重要的事。正因为语言与人们息息相关，所以说话的技巧就显得尤为重要。但是，在与人交流的过程中，有时表达的意思难免很抽象，很模糊，对方难以很快接受或理解。在这种情况下，如果在讲话过程中利用现实生活中某个常见的、具体的东西来作比喻，或作比较，对方就容易理解了。

另外，有时为了让某一事物说得更具体，更真实，让听众更容易理解和接受，我们还可以使用具体的数字来说明，而不是用“也许”、“大概”。不过，为了向别人证明自己的观点的可信度而引用大量的数据时，因为其不同于调查报告和工作总结，可以把一连串枯燥的数据抛向听众或读者。我们的谈话对象是人，所以，聪明的谈话者总会事前设计好每一个细节，使对方能从数据中感受到自己观点的可信度。

美国记者爱德文·史路森为了说服人们充分利用尼加拉大瀑布的能量，便使用了大量的数据来证明自己的观点：

我们知道，美国境内有几百万穷人，吃不饱，穿不暖，然而在尼加拉瀑布这儿，却平均每小时浪费相当于25万条的面包，每小时有60万枚新鲜的鸡蛋从悬崖上摔下去，在漩涡中制成一个大蛋卷。如果印花布不断地从一架像尼加拉河那样宽达4000尺的织布机上织出来，那也就表示同样数量的布料被浪费掉了。如果把卡耐基图书馆放在瀑布底下，大约在1或2小时内就能使整座图书馆装满各种好书。或者，我们也可以想象，一家大百货公司每天从伊利湖上游漂下来，把它的各种商品冲落到160尺下的岩石上。

在这里，爱德文·史路森没有用苍白或含糊不清的语言去向人们证明充分利用尼加拉大瀑布能量的重要性，而是在讲话的过程中，运用了许多数据，使语言生动活泼起来，这样既让听众感兴趣，又增强了说服力。

要想让别人接受自己的观点，最理想的方法就是多运用数据。我们可以在与人谈话或写工作计划时，多引用一些相关的、准确的数据，这样就能增加自己的说服力。

当然，有些数据是需要我们自己去调查才能得到的。这时，我们也不应因为觉得一两个数据并不重要而放弃，很多时候，往往就是那几个不起眼的数据起到了至关重要的作用。要知道，有时候别人能否接受你的观点，其关键不是华丽的词藻，不是含糊不清的“大概”、“也许”，而就是那些你最不重视的数据。

第五章　让言辞更加感人的口才艺术

◆ 表达想法懂得寓情于声

【大师箴言】

当我们谈话的目的是在说服时，尤需以发诸真诚笃信的内在光辉来宣述自己的意念。我们必得自己先被说服，然后才能设法说服别人。

中国唐代大诗人白居易有一句诗："动人心者莫先于情，"唯有炽热的情感，才会使"快者掀髯，愤者扼腕，悲者掩泣，羡者色飞。"演说者如果感情不真切，是逃不过成百上千听众的眼睛的。

著名政治家林肯非常注意培养自己真诚的品格。1858 年他在一次竞选辩论中说："你能在所有的时候欺瞒某些人，也能在某些时候欺瞒所有的人，但不能在所有的时候欺瞒所有的人。"这句著名的政治格言，成了演说者的座右铭。无哗众取宠之心，有实事求是之意，才能取悦于你的宣传对象，使他们接受你的思想、观点。一个演说者如果讲话华而不实，只追求外表漂亮，开出的只能是无果之花。若缺乏真挚而热烈的情感，只是用"人工合成"的感情，虽然能欺骗听众的耳朵，却永远骗取不到听众的心。因为心弦是不会随随便便的让人拨动得了的。

有一次我在给学员们演讲《生命如何度过》时，随身携带了一件物品，用一方手巾蒙着。一开始的时候，他就把它置于桌子的右侧，并数次在情绪激烈时默默地抚摸一下它。所有的听众都在听认真的听着，而当看到我抚摸这件物品时更显得感情凝重，他们肯定心里在纳闷：这究竟是一件什么样的东西呢？于是他们的注意力便都集中起来了。

接着，我叙述了这样一个故事：“南北战争时有一个战士名叫莱特，他不过是数百万北方军队中普通的一名士兵。他作战勇敢，每次冲锋都跑在最前面，他说他只有一个心愿，就是解放南方黑奴，让自由和民主回到人民手中，他的勇敢受到了无数次的嘉奖。在刚刚接受一枚英雄勋章后，莱特，亲爱的莱特，却遇到了不幸！在一场遭遇战中，他倒下了。临死之际，他手握着那枚英雄勋章说：‘把它送给我的母亲。’人们照着他的话做了，却发现他是母亲唯一的亲人。他的母亲宁愿自己忍受孤苦寂寞的晚年生活，也要把儿子送到前线……，如今，这位伟大的母亲和他的儿子都已死去，但这枚勋章却保留了下来，它永远鼓励着我们为大众的利益而努力奋斗，看，它就在这儿！”说完，在全场听众的注目下，我揭开手巾，露出一个盒子，再打开盒子，一枚金黄色的勋章躺在红色的绒布之上。所有的听众在那一刻静默无声，有的人悄悄地流下了眼泪！人们不仅在为英雄的伟大而感动，而且在积极地思考着人生应当如何过才有意义。

由此可见，成功的演说，不能仅仅卖弄华丽的语言，必须凝聚着演讲者的真情实感。真情实感是联系演说者和听众心灵的纽带。如果在演说时能将人的丰富情感如实地表达出来，那么听众一定会受到感染，产生共鸣，从而达到理想的艺术效果。人的感情不能造假。演说者真情实感萌发的全部过程都必须有感情的积极参加。观察生活需要感情，构思讲稿需要感情。感情的冲动，推动演说的进行，把内心的情感依附事理表现出来。简而言之，人的感情是由客观事物，特别是社会生活中的各种事件引起的，用叙述方法把事件介绍出来，又把情感抒发出来，这种叙述因事而动情，寄事含情，不仅演说者动情，而且听众动容，效果甚佳，正如中国古语所说："精诚所至，金石为开。"

在演说中，唯有真诚的情感，才能产生巨大的影响，才能唤起群众的热诚，有震撼人心的力量。有个小说家说得好："热情是每个艺术家的秘诀，而每位演说家都应当是一位艺术家。这是一个公开的秘决。这如同英雄的本领一样，是不能拿假武器去冒充的。"情不深，则无以惊心动魄，无以得到别人赞同。

演说者表达自己的真情实感时，必须能够平等待人，虚怀若谷，他的话语方能如滋润万物的甘露，点点滴入听众的心田。而盛气凌人、眼睛向上，把自己打扮成上帝，以教育者姿态自居的人，是无法和听众交心，无法打动听众的。

有人说得好，演说者不是敲击铜铃，而是敲击人们的"心铃"，因此，演说家，应该用真挚的情感、竭诚的态度击响人们的"心铃"，刺激之、振奋之、感化之、慰藉之、激励之。对真善美，热情讴歌，对假丑恶，无情鞭挞。让喜怒哀乐，溢于言表；使黑白褒贬，泾渭分明。用自己的心去弹拨他人之心，用自己的灵魂去感染他人之灵魂，使听者闻其言，知其声，见其心。这才是演说的最高境界。

真情实感是演说成功的第一乐章。曾经打败过拿破仑的库图佐夫，在给叶卡捷琳娜公主的信中曾说："您问我靠什么能力凝聚着社交界如云的朋友？我的回答是：真实、真情和真诚。"真诚态度是成功的交际者的妙诀，也是演说者和听众融为一体，在情感上达到高度一致，情绪上引起强烈共鸣的妙诀。那种把自己看作是凌驾他人之上的布道者，或自视为高人一等的儒士学者，开口就是"我要求你们"、"大家必须"、"我们应该"之类的命令式词句，或用满口堂而皇之的言辞掩饰自己的真情，听众是绝对反感的。所以，当你发表演说时，不要忘记在演说中凝聚真情实感。

◆ 用激情点燃听众的心灵

【大师箴言】

不要抑制自己真诚的情感。要让听众看到，你对谈论自己的题目多么热忱，多么富有情感。如此，他们的注意力便在你的掌握之下。你就掌握了开启听众心灵之门的钥匙。

人是感情的动物，每个人都有激情，只是在现实生活中，很害怕自己的感情会当众吐露，因此，我们去看电影、戏剧，以满足这种感情流露的需要。

一个人当众说话时，他便会依靠着自己倾注谈话中的热心程度而表现出自己的热诚与兴趣。这时，我们的真情实感常会从内心里流露出来，这是一种自然的流露，也是一种易感染他人的流露。

读过《高山下的蔷薇花》的读者，谁都不会忘记弗雷登师长在塔拉尔战役前的一段演讲，它不啻于就是一场风暴：

“我弗雷登今晚要骂娘！知道吗，我的大炮就要万炮轰鸣，我的装甲车就要隆隆开进！我的千军万马就要去杀敌！就要去拼命！就要去流血！可刚才，有那么个神通广大的贵夫人，她竟有本事从几千里之外把电话要到了我的前沿指挥所！此刻，我的指挥所的电话，分分秒秒，千金难买！可那贵夫人来电话干啥？她来电话是要我给他的儿子开后门，让我关照关照她儿子。奶奶娘，什么贵夫人，一个贱骨头！……我弗雷登不管她是天老爷的夫人，还是地老爷的太太，走后门，谁敢把后门走到我这流血的战场上，没二话，我弗雷登要让她儿子第一个扛上炸药包，去炸碉堡！去炸碉堡！……”

这篇演讲更是激情难遇激情，是演说成功的保证，是沟通听众的桥梁。激起了台下听众排山倒海的掌声，震撼人心，令人激动不已。

在众多成功演讲的案例中，起决定作用的是演讲者的激情。只要演讲者保持旺盛的精力就会点燃现场的气氛，会变得很有吸引力和号召力。

演讲者发表演讲的目的，就是要吸引、说服、鼓动、感召听众，因此，如何使自己的演讲唤起听众的共鸣，从思想深处征服听众，就成为演讲者最为关注的问题。那么，演讲者怎样才能唤起听众的共鸣呢?

1. 用趋同法唤起

演讲者与听众之间共同的地位、经历、愿望、志趣、信仰、理想等，都具有趋同性，演讲者可以从趋同的角度入手，去寻找与听众的共同语言，渲染与听众的共同体验，缩短与听众的心理距离，唤起听众的心理共鸣。

第二次世界大战期间，英国首相丘吉尔在美国作的圣诞演讲：

我今天虽然远离家庭和祖国，在这里过节，但我一点也没有异乡的感觉。我不知道，这是由于本人的母亲血统和你们相同，抑或是由于本人多年来在此所得的友谊，抑或是由于这两个文字相同、信仰相同、理想相同的国家，在共同奋斗中所产生出来的同志感觉，抑或是由于上述三种关系的综合。总之，我在美国的政治中心——华盛顿过节，完全不感到自己是一个异乡之客。我和各位之间，本来就有手足之情，再加上各位欢迎的盛意，我觉得很应该和各位共坐炉边，同享这圣诞之乐。

在圣诞之夜的特定氛围中，演讲者娓娓述说共同的血缘、文字、信仰、理想，以及共同的奋斗结下的同志般的情谊。这些共同的体验把彼此的心连在了一起，实现了双向交流，唤起听众温馨亲切的心理感受。

2. 用对比法唤起

事物之间的对比能更清楚地显示各自的特征，引起人们的重视。在演讲中，用对比的方式来唤起听众的心理共鸣，可以突出演讲主旨的倾向性，引起听众对演讲信息的高度重视，从而与演讲者产生心理的交融。

例如，某大学邀请一位老教授作关于演讲技巧的报告，当时校园里正同时举行青年论辩大奖赛。老教授走上讲台，发现台下虽有空位，但走廊上却站着不少学生，可见这是心中犹豫不决的听众，他决定要争取这部分人。他放弃了原来的开场白，这样讲道：

同学们，今天首先是你们鼓舞了我，你们放弃了青年论辩大奖赛，来这里听我演讲，这说明你们严肃地作了选择，在说的与辩的之间，一般人选择辩的，而你们却选择了说的；在年轻小伙子、姑娘和老头子之间，一般人选择小伙子和姑娘，而你们却选择了我这个老头子。这说明你们认定说的比辩的好听，老头子比年轻人更有魅力，这使我产生了一种返老还童之感。

开场白后报告厅响起了热烈的掌声，走廊里的人挤进了座位，后面的人又挤进了走廊。老教授先把说与辩、年轻人与老头子对比，再把一般人与听众在二者之间的选择作对比，既褒扬了听众，又巧妙地展示了自己的睿智，引起了听众的重视，使双方心理相容，产生共鸣。

3. 用想象法唤起

人的一切行为都离不开想象。在演讲中，运用想象激发听众的心理共鸣，变演讲者的有意想象为听众的无意想象，变演讲者的创造想象为听众的再造想象。通过演讲者绘声绘色的描述和生动形象的比喻，使听众在内心再现演讲者描述的艺术境界，从而心驰神往，深受感染。

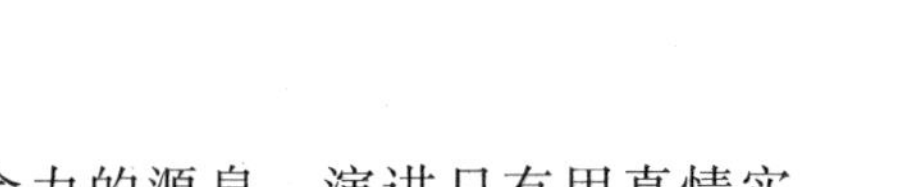

4. 用情感法唤起

情感是艺术的灵魂，也是演讲生命力的源泉。演讲只有用真情实

感的流动、跳跃和燃烧才能感动听众，演讲者只有用血、用泪、用自己生命的激情去呼喊、去敲击才能叩开听众的心扉，震撼听众的灵魂，才能有效地唤起听众的心理共鸣。

5. 用理趣法唤起

演讲的说理最忌空洞抽象，生硬说教，演讲者要善于揣摩听众心理，顺应听众需求，激起听众探究的兴趣，做到理趣相生。而理趣相生的说理能够使演讲的道理更加深入人心，激起听众发自内心的共鸣。

例如，某青年的演讲《新时代的流行色》中的一段：

也许有人会说，这不是表现自己吗？可我要说：表现自己又有什么过错呢？大千世界，万事万物不都在表现自己吗？孔雀开屏、白鹤亮翅；一粒种子总要发一片芽叶，一株小草总要顶一朵花蕾。就连没有生命的矿物质也是自我表现的呀，金子要发光，硫磺有气味，更何况我们人呢？……如果我们屈辱地保持那种夸张变形的谦虚，临阵畏缩不前，凡事后退一步，尽管你有经天纬地之才，万夫不当之勇，也只能自我埋没，自我淘汰。

这段话以一系列自然现象说明宇宙万物皆自我表现，这是自然界不可抗拒的规律。演讲者把精辟的论述与形象的描绘融为一炉，既给人以哲理的启迪，又给人以艺术的美感，理趣浑然，相得益彰，激起听众的心理共鸣。

6. 用反问法唤起

演讲中的反问句并不需要听众来回答，而是一种表达强烈情感、进行双向沟通的手段，以反问的方式来唤起听众的心理共鸣，能激起听众心中的波澜，把演讲推向高潮，增强演讲的鼓动性和感染力。

总之，演讲者要善于根据不同的内容、形式、语境、对象等，选择恰当的手法，叩击听众的心扉，震撼听众的心灵，唤起听众的共鸣。当然，也可以综合运用几种手法，对听众进行多角度、多层次、多渠道的心理激发，打动听众，征服听众，取得最佳的演讲效果。

◆ 用真情实感晓对方以情理

【大师箴言】

要想说服他人，强词夺理是不行的，这样只会激怒他人，使事情往更坏的方向发展。言出心声，动之以情，是任何消极对立的观点都难以招架的。

有这样一句老话："不看你说的什么，只看你怎么说的。"同样的一个意思，不同的人有不同的说法，不同的说法有不同的效果。与人打交道时，不管是因为什么习惯，我们都要本着"诚"、"情"二字去待人，否则，就会因为过于直率的语言而伤害到别人的自尊。因此，与人谈话时，我们要把握一点，即真诚的核心与灵魂就是与人为善，特别是在自己处境不利时，如果我们把自己真诚的思想和感情直接向对方表达和抒发出来，对方也有可能动以真心，施以真诚。

1. 以情动人，不需多"理"

著名宣传理论家埃柳利指出：单靠理性论据去说服人，太过于繁杂而且往往还靠不住。应该首先对情感发生影响，情感的影响不一定要有合理的论据，而且比较直接。在这种意义上"动之以情"却不需要更多的"晓之以理"，就能让对方接受。

南北战争的时候，罗伯特·李将军是南部邦联军队的统帅。有一次，他在南部邦联总统杰佛生·戴维斯面前，以赞誉的语气谈到他属下的一位军官。

在场的另一位军官大为惊讶地说："李将军，你知道吗？你刚才大为赞扬的那位军官，可是你的死敌呀。"

“是的，”李将军回答说，“但是总统问的是我对他的看法，不是问他对我的看法。”

李将军的话传到了那位军官的耳中，那位军官不由地对李将军产生了一种好感，因此渐渐地改变了他对李将军的看法。李将军正是依靠自己的理性赢得了他的政敌的信服和支持。

人都是有感情的高级动物，真正的铁石心肠的人是不多的。在与人进行交谈并劝说别人接受自己的观点，或者是在寻求帮助的时候施以真诚，以诚感人，以情动人，更能加大成功的砝码。

2. 触动心弦，以情服人

动之以情是直接激起人的情感反应，拨动对方的情感之弦，以获得情感的共鸣。情感之弦是它本来就有的心理积淀，动之以情就是要触动他原有的心理积淀，调动对方本有的心理能量，来促成共鸣反应。

在美国经济大萧条时期，有一位18岁的姑娘好不容易才找到一份在高级珠宝店当售货员的工作。

在圣诞节的前一天，店里来了一位25岁左右的贫民顾客，他衣衫褴褛，一脸的悲哀，他用一种不可企及的目光，盯着那些高级首饰。

姑娘要去接电话，一不小心，把一个碟子碰翻，六枚精美绝伦的金戒指落到地上。她慌忙捡起其中的五枚，但第六枚怎么也找不着。这时，她看到那个30岁左右的男子正向门口走去，顿时，她醒悟到了戒指在哪儿。

当男子的手将要触及门柄时，姑娘柔声叫道：“对不起，先生！”

那男子转过身来，两人相视无言，足足有一分钟。

“什么事？”那男子问，脸上的肌肉在抽搐。

姑娘一时竟不知说些什么，该怎么说。

“什么事？”那男子再次问道。

“先生，这是我的第一份工作，现在找个事儿做很难，是不是？”姑娘神色黯然地说。

男子长久地审视着她，终于，一丝柔和的微笑浮现在他脸上。

“是的，的确如此。”他回答，“但是我能肯定，你在这里会干得不错。”

“我可以为您祝福吗?”停了一下，他向前一步，把手伸给她。

他转过身，慢慢走向门口。

姑娘目送着他的身影消失在门外，转身走向柜台，把手中握着的第六枚金戒指放回了原处。

这位姑娘成功地要回了青年男子偷拾的第六枚金戒指的关键是：在尊重谅解对方的前提下，以我们都很不容易这句凄苦的潜台词博得对方的真切同情。

对于真正的口才高手而言，在口才说服的过程中会非常重视入情入理，而缺乏感情，往往不能使人动情。因此，赋予议论以感情，才能发挥鼓动、激情、引导的作用。

◆ 谦卑的语言能战无不胜

【大师箴言】

真正谦逊，是人类一种最好的品性，因为他有自知之明，他知道在这广大的世间的复杂的社会里，他的能力和头脑，实在太简单太渺小了，不够去解决人世间的一切问题。

行为与内心的平衡是一个成功的前提条件。只有谦虚谨慎的人才能保持行为与心灵的平衡。而那些失去了平衡的人，对社会所要求的不是太多，就是太少，因而招致灾祸，给自己的人生带来不可挽回的失败。

早在文明肇始之初，谦虚谨慎就被视为人类的最为可贵与美好的道德之一，尽管谦谨退让可能会让人觉得某种程度上的吃亏，但是从长远的角度来说，这种所谓的吃亏不过是自己的谦卑美德的一种表现而已。

谦卑是一种低姿态，不仅对一般的人有用，对处于高位的人更为有用。有作为的人，长用谦卑来培养自己的道德与指导人生的方向。

有人去问爱因斯坦，说："您老可谓是物理学界的空前绝后了，何必还要孜孜不倦地学习呢？何不舒舒服服地休息呢？"爱因斯坦并没有立即回答他这个问题。而是找来一支笔、一张纸，在纸上画上一个大圆和一个小圆，对那位年轻人说："在目前情况下，在物理学这个领域里可能是我比你懂得略多一些。正如你所知的是这个小圆，我所知的是这个大圆，然而整个物理学知识是无边无际的。对于小圆，它的周长小，即与未知领域的接触面小，他感受到自己的未知少；而大圆与外界接触的这一周长大，所以更感到自己的未知东西多，会更加努力地去探索。"

事实上也是如此，没有一个人能够有骄傲的资本，即使他在某一方面的造诣很深，也不能够说他已经彻底精通。"生命有限，知识无穷"，任何一门学问都是无穷无尽的海洋，都是无边无际的天空。所以，谁也不能够认为自己已经达到了最高境界而停步不前，而趾高气扬。如果是那样的话，则必将很快被同行赶上、很快被后人超过。

谦虚最重要的是求得真理，获取有价值的经验，为你与他人的交往提供借鉴。谦虚者常常给人留下礼貌、有素养、有风度的印象。不懂谦卑让人敬而远之，而谦虚得体则能充分展现你的涵养，让对方更愿意与你交往。

德国最后一代君王威廉二世的总理大臣是布洛亲王，他是一位真正的口才高手，能在关键时刻用机智的语言来拯救自己，但他在平时说话时却显得很谦卑。而威廉二世傲慢自大，建立了一支较有实力的陆军和海军，夸口可征服全世界。

有一次，威廉二世在英国做客时，仍这么说，还让伦敦的《每日电讯报》刊登他的言论。例如，他宣称他是和英国友好的唯一的德国人。他说，他建立的海军足以对抗日本军队；他说，他独自一人挽救了英国，使英国免于臣服苏俄和法国的势力之下；还说，由于他的策划，使得英国罗伯特爵士得以在南非打败波尔人等等。

在一百多年的和平时期，从来没有一位欧洲君王说过如此狂妄的话。整个欧洲大陆立即愤怒起来，尤其是英国，德国政治家也惊恐万分。

在这种情况下，威廉二世慌张了，情急之下向总理大臣布洛亲王征求建议，企图让他来承担一切责难，希望布洛亲王宣布这全是他的责任，是他建议君王说出这些令人难以相信的话的。

布洛亲王当然不愿意：“陛下，这对我来说，几乎不可能。德国人和英国人不会相信我有能力建议陛下说出这样的话。”

皇帝立刻发起火来：“你言外之意是，你比我聪明，而我是个笨蛋？”

布洛亲王知道反驳之后要恭维几句，便说：“陛下，我绝没有这个意思，您在许多方面都胜过我，在陛下解释晴雨计、无线电报和伦琴射线的时候，我常常是仔细倾听，对您的才学十分佩服，并觉得非常惭愧，我对自然科学知之甚少，甚至连最简单的自然现象也搞不清楚。但是，为了补偿这方面的缺失，我学习了某些历史知识，以及一些可能在政治上，特别是外交上有用的知识。”

皇帝听到赞美之词，就不好再责难布洛亲王了，表情也由阴转晴：“我不是经常告诉你，我们两人互补长短，就可闻名于世吗？我们应该团结在一起，从此让我们好好合作吧！”说完，又紧握着布洛亲王的双手，激动地说：“如果有人对我说布洛亲王的坏话，我就一拳头打歪他的鼻子。”

就这样，谦卑使布洛亲王避开了皇帝给他出的难题，相反还趁机与皇帝加深了感情。

谦虚不是虚伪，更不是虚弱，而是放开心胸容纳他人，低下头来尊重他人。谦虚不是退避，更不是推诿，而是虚怀若谷地精益求精，不耻下问地处处学习。谦虚是一种永不满足的探索创新，谦虚是一种求真务实的思想品德，谦虚是一种能够坦然地面对成就和荣誉的精神境界。当一个人取得一点成就时，保持清醒头脑，保持谦虚态度，这是非常重要的。

◆ 善打圆场，为他人解围

【大师箴言】

尴尬的场景让人难堪，而巧妙的语言可以打破僵局、缓和气氛、化解矛盾，将烦恼抛到九霄云外。这也是在陌生场合，赢得好感的一个方法。

在人际交往中，由于主观的、客观的、人为的、意外的等方面的原因，有时难免会出现令人尴尬的局面，此时，就需要用巧妙的语言来圆场。

圆场就是调解纠纷，化解矛盾，避免尴尬，打破僵局。当别人出乖露丑，陷入窘境时，主动解围，去给他找个台阶下；自己造成失误时，善于补救，自圆其说；见人不幸落入社交僵局时，通权达变，巧言打破冷场坚冰；与人产生不快时，和和“稀泥”，让对方少丢些面子，保持尊严。巧妙的圆场可以变坏事为好事，把难办的事情办好。

事实上，尴尬局面的出现，往往是刹那间的事情，如果缺乏镇静，大惊失色，那只能是手足无措、乱上添乱。所以，遇到这样的场合，首先要做的就是保持镇静，冷静地观察局势，然后随机应变，用机智灵巧的语言应付尴尬。

巧妙圆场，除了需要随机应变的思维能力外，也有一些可以套用的技巧：

1. 利用幽默，摆脱窘境

在任何场合，拥有良好幽默口才的人都总是能赢得他人的好感，获得众多的支持和理解。

有一回，前美国总统里根在白宫钢琴演奏会上讲话，突然他的夫人南希一不留神连人带椅子跌落在台下的地毯上。观众一阵惊叫，但是南希却灵活地爬起来，在二百多名宾客的热烈掌声中又回到了自己的座位上。

正在讲话的里根看到夫人没有受伤，便说了这么一句话："亲爱的，我不是告诉你了吗，只有在我的讲话没有赢得掌声时，你才应该表演你的节目。"

听了里根这句俏皮话，大家都为他的机智、诙谐而热烈鼓掌。

2. 以恭维圆场，满足对方虚荣心

古往今来，一般人都爱听好话，当人十分懊恼或不快时，只要旁人说几句得体的美言，便天开云散了。以动听的话语来打动人，求得他人的欢喜，是成功解围的诀窍。

一次，我年迈的老祖父兴致勃勃地到水塘边去钓鱼，谁知钓了整整一个上午却没有任何收获，老祖父心中十分懊丧。见到祖父有些郁闷的神情，我笑呵呵的对他："或许就是因为您在任上太清廉了，所以现在也钓不着贪图诱饵的鱼啊。"一句话说得老祖父笑逐颜开，拿起空鱼篓高高兴兴地回去了。

3. 巧用吉言，消除不快

吉言顺耳，爱听吉言几乎是人们共有的一种心理。巧妙地利用人

们的这种心理，在别人处于僵局或不快时，有针对性地择用其易于接受的话语来博得对方的欢喜，先前不快的心理就会因为得到吉言的熨抚而消释，甚至还会产生欣喜之情。

在一次热闹非凡的婚礼上，正当各位来宾高高兴兴地向新郎新娘表示祝贺时，一位客人不小心把一只精致的茶杯碰落在地，摔得粉碎。此时，全场人们立即被这意外的事故打断了话题，音乐戛然而止，喜庆气氛顿变，由轻松蓦地变为紧张。碰掉杯子的人成为众目睽睽的对象，感到非常窘迫，新郎新娘也很难堪，不知如何是好。这种困境如不及时解除，欢乐的婚礼必定蒙上一层不快的阴影，也许还会给新婚生活留下不祥的预兆。这时，一位思维敏捷的人灵机一动，出人意料地又摔了一个茶杯，大家正惊奇之中，这人当众说道：“一‘碎’加一‘碎’，这叫岁岁平安”。引得众人哄堂大笑。这大吉大利的语言，解除了困窘局面，婚礼的气氛又重新热烈起来了。

4. 故意曲解，巧打圆场

在交际活动中，交际双方由于彼此不甚了解，常常会做出一些令对方迷惑不解的举动，导致尴尬、紧张局面的出现。此时，可以采用故意曲解的方法，把让对方迷惑不解的举动曲解为寻找友谊的表示，形势顷刻即可扭转，出现欢声笑语的热烈景象。

汤姆的朋友到家里来聊天，两人在客厅里天南地北地聊着，不知不觉已经到了用晚餐的时间了。汤姆五岁的小儿子跑了进来，趴在他的肩膀上咬耳朵。汤姆聊得正高兴，很不耐烦地训斥儿子：“没礼貌！当着客人的面咬什么耳朵？有话快说！”

小儿子顺从地大声说：“妈妈叫我告诉你，家里没有准备，不要留客人吃饭。”一时之间两个大人都愣住了，多尴尬！怎么解释啊！

汤姆脑筋一转，伸出手来，在儿子的小脑袋上轻轻打了一下，然后说：“小笨蛋！我不是告诉过你了？只有在喜欢赌钱、吹牛皮的小叔来的时候，才要跑出来说这句话吗？你怎么弄错了？”

由此可见，为人处世想要功德圆满，你就必须掌握圆场的技巧与方法。而在日常生活中，唯有那些深谙人际交往，懂得圆场的人，能够处处受人欢迎，在复杂的人际关系中，取得顺畅生活的通行证。

第六章　当众讲话的口才艺术

◆ 设计一个精彩的开场白

【大师箴言】

演讲者站到听众面前，很自然地就会引起听众对他的注意，然而要想持续这份注意力，演讲者在第一个句子中就要说出某些吸引听众兴趣的话来，不是第二句、第三句。记住，是第一句。

开场，它就像一个出色的导游，一下子就能把听众带入讲话者为他们设计的佳境。同时好的开场，容易打开局面，为正文的的引入做好铺垫。好的开场很重要，正如演讲大师、演讲教育家季德·希克莱所说的："最难的开场白就是第一句话，如同音乐一样，全曲的音调，都是由它而定的。往往要花费较长的时间去寻找。"

演讲的开端，无疑每一个演说者都希望自己具有从容自如的说话信心，谋求自己能展示超凡脱俗的说话魅力，激情澎湃，扣人心弦。出色的口才高手，在登上讲台的那一刻起就能吸引听众的注意力，一开篇便一鸣惊人，立即抓住听众的心。如果没有精彩的开场，你将不能顺利地传递你的信息，无法保持听众对你演讲话题的兴趣，最终丧失在讲话中的主导地位——这一切都将是成功演讲的障碍。

那么，如何才能令你的演讲精妙而扣人心弦呢？

1. 先入为主吊足胃口

讲话的开头，是你吸引听众的最佳时机。经过你或中规中矩或激情洋溢的介绍，台下的一双双眼睛一定期望接下来可能出现的妙趣横生的演讲，或许他们更期待出人意料的结果，但不管怎样，他们一定不希望自己是在浪费时间。此时听众正处于一种期待状态，你可以尽情施展你的才华、睿智、幽默和酝酿已久的开篇辞。总之，你要想方设法博得听众的好感。

开场是你给听众献上的开胃甜点，但不是要你一定做到十全十美。这仅是试探、激发听众兴趣并向下一步骤推进的铺垫阶段。如果你一开始就没有抓住听众的兴趣，接下来的时间你将非常尴尬，也许再用 3 分钟的时间也无法弥补听众对你的信心，因为人们的兴奋点不会持续很久。

多年以前，伟大的建筑学家弗朗克·赖特在匹兹堡曾做过一个演讲。他的开场白非常奇特，“这是我所见过的最为丑陋的城市。”此言一出，顿时令在场的每一位匹兹堡市民大吃一惊——他们从头到尾都认认真真地听赖特道出个中缘由。据说，当时所做的一项社会调查显示，匹兹堡市是全美最有吸引力的城市之一。赖特深知，如果循规蹈矩地向他人一样开场，“女士们、先生们，下午好，今天我很高兴站在这里，”或者仅仅为了幽默而以一个不相干的玩笑开场，都不会引起听众的注意。他这种不拘一格的开场，甚至一开始就将自己置于所有听众的对立面，但的确收到了立竿见影的效果。

2. 让听众知道，你的口才值得期待

跻身于众多的口才选手当中，你可能不是第一个出场。因此通常在你上台以前，已经有人将你介绍给听众。如果碰巧那是位此道高手的话，你还尚未登场就已经成功了一半了。但不会总那么幸运，因此你必须做好推销自己的准备：事先写好你的自我介绍。

你的自我介绍将成为听众了解你的第一个窗口，也是给他们留下良好印象的绝佳机会。有经验的讲话者绝不会放过这个关键的环节。通过自我介绍，你可以让听众了解你的概况，信赖你的权威，同时自然地将听众引入你的演讲。最好亲自写这份介绍，因为它需要非常准确翔实。许多讲话者就遇到过这种非常尴尬的场面，在登场以后首先要向听众更正一些由别人代笔的不准确的个人信息。

当然，由别人介绍也有一个好处——他们可以相机插入一些幽默的成分，甚至错误的发音，从而将听众的情绪调动起来。由自己写，一方面做到了真实准确，另一方面则失去了活跃气氛的诱因。

你要提前将自我介绍写在一张卡片上，因为它很有可能是由别人来代读。卡片要留出一定的空白，因为代言者很有可能会要求你加入一些他希望了解的细节；将最佳位置留给他们吧。为了方便代言者诵读，最好将简介用大写字母、双倍行距打印出来，内容要简短、精练。标准的自我介绍应该包括四个方面：姓名和讲话题目、演讲者的身份、讲话的大概内容与实用价值、受邀演讲原因。在列举你的身份、职位的时候，名称不宜超出三四个，选取与听众有关的即可。

下面一段文字是著名演说家乔·韦尔登的自我介绍范文：

下面为大家讲演的是乔·威尔顿。他的题目是《大象不咬人：慎防小事作乱》。乔来自亚利桑那州的斯科茨代尔，目前经营自己创立的公司。在过去6年中，他已经参加过美国最权威机构组织的上千场研讨会。

今天他来到这里做这个演讲是向我们传授成功口才的经验。他在这方面很有见地，相信各位听后一定会受益匪浅。他的独特的商业信条这样写道："成功源自接受，而非拒绝。"下面我们有请乔·韦尔登先生上台为我们演讲。

这便是介绍的全部内容：简短、平实、言简意赅。

在你听到"下面我们欢迎××先生上台为我们演讲"的时候，介绍者便会结束讲话，继而台下掌声响起，这时你便可以款款向讲台走去。

3. “自报家门”也很必要

当然，意外情况也时有发生。当场内没有人能够介绍你的时候，你就需要自报家门了。这种情况下，大部分发言者会走上讲台说：“女士们、先生们，晚上好。我是 × ×，今天我来到这里跟大家探讨一下……”令人乏味的介绍！尽管这些都是听众应该知道的内容。如果你想吸引听众的注意，那么你就应该让他们感觉到你不是一位俗套的演讲者。尽量去吊他们的胃口；在你通报自己的身份前，你可以设下种种悬念。

这里我们还是以上文提到的两个形成鲜明对比的开场白为例。开头只增加了短短的两句话，但足以将听众的胃口吊起。然后你再顺理成章地报出自己的身份。通常只要说出你的姓名就足够了，因为这不是你详细介绍简历的时间和场合。如果有个别相关的有趣的话题，不妨在这时说出来。比如，经常补充这样一句带有调侃色彩的言语，“我是 × ×，号称‘问题斗士’”。

总之，演讲的开场，是架起演讲者和听众之间的第一座沟通的桥梁，所以在开篇的选择上必须要多动脑筋，力求使开场精彩，打动人心，为正文的演说铺垫良好的演说氛围。因此在开篇的谋划上可以运用比喻、借用典故、自我贬抑、即兴发挥等多种形式，力求使开篇自然和谐，切入主题，又能激发听众的兴趣。

◆ 施展你独特声音的魅力

【大师箴言】

如果你能将声音调整一下，你将会欣喜地发现，你周围的人是那么友好，那么和善，那么容易相处。

在交谈过程中，不但要把话说得恰到好处，还得注意音色的甜美，说话者的语速、音质和声调，也是传递信息的符号。同一句话，说时或缓或急促，柔声细语或高门大嗓，商量语气或颐指气使，面带笑容或板着面孔，效果大相径庭，要根据对象、场合进行调整。吐字似乎离发声远了许多，其实二者是息息相关的。

1. 必须发音正确、清晰易懂

说话是一种艺术。要想把话说得好，正确地表达自己的意思，就必须发音正确、清晰易懂，否则由于口齿不清，发音不准，就会影响意思的表达。清晰易懂的发音，可以依赖平时的练习，多注意别人的谈话，多朗读书报；交谈时克服紧张情绪，讲话不急不躁，就能做到这一点。

发音准确无误，清晰、圆润，吐字也才能“字正腔圆”。

吐字发声时一定要咬住字头。有一句话叫“咬字千斤重，听者自动容”说的就是这个意思。所以我们在发音时，一定要紧紧咬住字头，这时嘴唇一定要有力，把发音的力量放在字头上，利用字头带响字腹与字尾。

字腹的发音一定要饱满、充实，口形要正确。发出的声音应该是立着的；而不是横着的，应该是圆的，而不是扁的。但是，如果处理的不好，就容易使发出的声音扁、塌、不圆润。

字尾，主要是归音。归音一定要到家，要完整。也就是不要念“半截子”字，要把音发完整。当然字尾也要能收住，不能把音拖得过长。

如果我们能按照以上的练习要求去做，那么你的吐字一定圆润、响亮，你的声音也就会变得悦耳动听了。

这里应多做一些这样的练习：

首先，深吸一口气。数数，看能数多少。

然后，跑 20 米左右，然后朗读一段课文，尽量避免喘气声。

2. 说话的速度不宜太快，也不宜太慢

说话太快会令人应接不暇，反应跟不上，而且自己也容易疲倦。有些人以为自己说话快些，可以节省时间。其实，说话的目的，在于使对方领悟你的意思。此外，不管是讲话的人，或者是听话的人，都必须运用思想。说话太慢，也会使人着急，既浪费时间，也会使听的人不耐烦，甚至失去谈下去的兴趣。

前苏联著名教育家马卡连柯说：“只有学会用 15 种至 20 种声调来说‘到这里来’的时候，只有学会在脸色、姿态和声音的运用上能做出 20 种风格韵调的时候，我就变成一个真正有技巧的人了。”换句话说，口语表达要有波澜起伏、灵活多变的节奏，要有急有缓，有断有连，有起有伏，有张有弛。

19 世纪，英国政治家赖白斯在伦敦参事会作关于劳工问题的演讲时，他中途突然停下来，一声不响地眼看听众达 72 秒之久，正当人们满腹狐疑、猜测不定时，他说：“诸位适才所感觉的局促不安的 72 秒长的时间，就是普通工人垒一块砖所用的时间。”赖白斯妙用停顿，有助于听众对内容的理解，获得了好效果。

3. 要注意语调

人们说话时常常要流露真情，语调就是流露这种真情的一个窗口。愉快、失望、坚定、犹豫、轻松、压抑、狂喜、悲哀等复杂的感情都会在语调的抑扬顿挫、轻重缓急中表现出来。语调同时还流露一个人的社交态度，那种心不在焉、敷衍的语调，绝不会引起别人感情上的共鸣。语调虽重要，但在谈话中却往往被忽视，只注意辞令如何风趣，内容如何美妙，却忘了语调要如何动人，结果使思想的传递受到损失，效果受到影响。

在社交场合，为使自己的谈话引人注目，谈吐得体，一定要在声音的大小、轻松、高低、快慢上有所用心，这样才能收到好的效果。比如，放低声调，总比提高嗓门说话显得悦耳得多；委婉柔和的声调，总比粗厉僵硬的声调显得动人；发音稍缓，总比连珠炮式易于使人接受；抑扬顿挫，总比单调平板易于使人产生兴趣……但这一切都要追求自然；如果装腔作势，过分追求所谓的抑扬顿挫，也会给人以华而不实在演戏的感觉。因此，自然的音调才是美好动听的。

讲话也是一种声音艺术。在公众场合，我们经常可以看到神态自若的口才高手以跌宕起伏的节奏，清晰响亮的声音，激起了听众们的感情波澜。轻声细语时，那娓娓动情的谈吐，似潺潺流水，清澈流畅；沉郁时，那宽厚低沉的音色，又像呜咽的箫声，舒缓而又深沉。这样的说话者，无论在哪里都会受到欢迎。

◆ 突出你的语言、语调习惯

【大师箴言】

在交谈时，说者用恰当的语调和动人的情感，打动听众，使听说双方的心理和情感汇合在一起时，就会使双方心情愉悦，说者妙语连珠，听者津津有味。

把握节奏，环环相扣，层层深入。演讲的节奏既要鲜明，又要适度。平铺直叙，呆板沉滞，固然会使听众紧张疲劳，而内容变换过于频繁，也会造成听众注意力涣散。所以，插入的内容应该为实现演讲意图服务，而节奏的频率也应该根据听众的心理特征来确定。

在演讲的过程中，要想打动听众，让大家喜欢和接受你的演说，你就一定要注意控制好说话时的节奏。

有一次在路上，我碰到一位青年问一群刚看完电视球赛的学生，“这场比赛谁赢了？”

有一个学生兴奋地说：“美国队大败日本队获得冠军。”

我没听明白，显然，那位青年也没听明白：到底是美国队打败了日本队获得了冠军呢，还是日本队打败美国队获得了冠军呢？

于是，那位青年又细问了一遍，才知道是美国队胜了。

这位学生说的话之所以让人家不明白，就是因为他没有掌握好说话的节奏。说话的节奏其实就是说话的快慢。书面语是借助标点把句子断开，以便使内容更加具体、准确。我们在说话时就要借助节奏，来帮助我们表达感情。

生活中，有的人说话很快，一大堆话一口气就能说完，别人形容

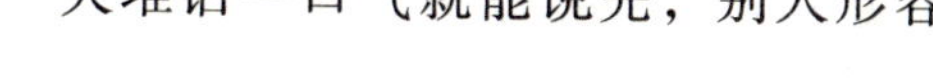

像是打机关枪。而另外一种人则恰恰相反，说话慢条斯理，半天也挤不出一句话来。这两种极端的情况就是没有掌握好说话的节奏。

说话要有节奏，该快的时候快，该慢的时候慢，该起的时候起，这样有起伏有快慢，有轻重，才形成了口语的乐感和悦耳动听，否则话语不感人，不动人。口语中有规律性的变化，叫节奏。有了这个变化语言才生动，否则显得呆板。有位意大利的音乐家，他上台不是唱歌，而是把数字有节奏地、有变化地从 1 数到 100，结果倾倒了所有的听众，甚至有的感动得流下了眼泪，可见节奏在生活中是多么重要。

节奏主要体现为快慢和停顿。说话没有节奏变化就会像催眠曲一样使人昏昏欲睡，反之，如果能够掌握好说话的节奏，就会使人愿意听，喜欢听。

某大学举办写作知识讲座，主讲老师在谈到细节描写时，提出了这样一个问题："请问同学们，男生和女生回到宿舍时，摸钥匙开门的动作有什么不一样呢？"然后就闭口不言，停顿下来，让同学们自己去揣摩。

台下的大学生们活跃起来了，有的私下议论，有的举手回答，有的干脆掏掏口袋，模拟一下自己回宿舍时找钥匙的动作。

等同学们讨论过一阵子，老师才说："据我观察，大多数的女生才上楼梯时，手就在书包里摸索，走到宿舍门口，凭感觉捏住一大串钥匙中的某一把钥匙，往锁孔里一塞，正好门开了。而大多数的男生呢？他们匆匆忙忙地跑到宿舍门口， 砰的一脚或一掌，门打不开，于是想起找钥匙。摸了书包摸裤袋，摸了裤袋又摸衣袋，好不容易摸到了钥匙串，把钥匙往锁孔里一塞，打不开。原来钥匙又摸错了。"

主讲老师的描述引起了会场中一片会心的笑声。等到同学们的笑声过后，老师趁势总结道："把男女生回宿舍摸钥匙开门的动作描述出来，就是细节描写，而细节描写的生动又来源于对生活的细致观察。”

这位写作老师巧妙地利用停顿，让听众探索悬念的答案，然后利用解答悬念抛出讲学要点，取得了很好的教学效果，这就是利用说话节奏的效果。

那么我们应该怎样才能掌握好说话的节奏呢？其实也没有什么神秘的地方，只要掌握好什么时候应该减速什么时候应该加速就可以了。

第一，说话时应该减速的地方有：需要特别强调的事情；极为严肃的事情；勉强控制的感情；使人感到疑惑的事情；数据、人名、地名等等。

第二，说话时应该加速的地方有：任何人都知道的事情；不太重要的事情；精彩的故事进入高潮时；无法控制的感情等等。

说话的节奏和说话的语气一样，都会影响到听众。说话的节奏不同，给人的感觉也不同，说话的节奏快了，会给人一种急促的感觉，说话的节奏慢，会给人一种平缓的感觉。所以，在说话时，要注意恰当地运用说话的节奏，把自己的感觉表达出来。

要想在演讲方面，使你的语气达到抑扬顿挫的境界，还须在平时的训练中进行一系列有效的训练。

1. 重点字句用重音

在日常谈话中，我们只对重要的字句加强语气，对其他字则匆匆跳过去，对整个句子也是这么处理、好让一些重要的字突出出来。

这个过程并不奇怪，也没有什么特殊之处。注意听一听你会发现，无论是演讲还是谈判，或是辩论，其实都是这样子的。

2. 变化说话的声调

我们在与人交谈时，声音从高到低，然后又回头高高低低地重复下去，一直不停息，并永远像大海的表面那般起伏不定。为什么？没

有人知道，也没有人去关心。但这种方式令人感觉愉快，而且也是一种很自然的方式。我们永远不必去学习，就会这样做。我们在孩提时代就会这样起伏地说话，我们不必去刻意地学习，就不知不觉学会了。但若是要我们站起来面对观众，我们的声音却将变得枯燥、平淡而且单调、如同撒哈拉的沙漠一般。你若发现自己正以一种单调的声音，通常是又高又尖的声音发言时，不妨停下来对自己说："我现在说话的样子就像石头雕成的塑像。要有人情味，要自然一点。"

对自己说这些话是否有帮助呢？会有的，稍微停顿一下，会对你有帮助。

你可以将你选择出来的任何句子或单词突出地表现出来，你只要在说到它们时突然提高或降低声调，就可达到这个目标。这是演讲中一条千古不变的法则。

3. 变化说话的速度

小孩子说话的时候，或是我们平常与人交谈时，总是不停地更改我们说话的速度。这种方式令人听了很愉快，很自然。不会令人有奇怪的感觉，而且具有强调的作用。事实上，这正是把某项要点很突出地强调出来的最好方法。

史蒂文在他那本由密苏里历史学会发行的《记者眼中的林肯》一书中告诉我们，这就是林肯在强调某一要点时最喜欢的方法之一。

"他会以很快的速度说出几个字，当轮到他希望强调的那个单词或句子时，他会让他的声音拖长，并一字一句说得很重，后面就像闪电一般，迅速把句子说完……他会把他所要强调的单词或句子的时间尽量拖长，几乎和他在说其余五六句不重要句子时的时间一样长。"这种方法必然会引起听者的注意。

4. 恰当的停顿

林肯经常在谈话途中停顿。当他说到一项要点，而且希望他的听众在脑中留下极为深刻的印象时，他会倾身向前，直接望着对方的眼睛，足足有一分钟之久，但却一句话也不说。这种突然而来的沉默和突然而来的嘈杂声具有相同的效果——能够吸引人们的注意力。这样做，可以集中每个人的注意力。例如，在他和道格拉斯著名的辩论接近尾声之际，所有迹象都指出他已失败，他因此感到沮丧，他那种痛苦的老毛病不时地啃蚀着他，为他的演讲词增添了不少感人的气氛。在他最后的一次演讲中，他突然停顿下来，默默地站了一分钟，望着他面前那些半是朋友半是旁观者的群众的脸孔，他那深陷下去的忧郁的眼睛跟平常一样，似乎满含着未曾流下来的眼泪。他把自己的双手紧紧并在一起，仿佛它们已太疲累了，无法应付这场无助的战斗。然后，他以他那独特的单调声音说道："朋友们，不管是道格拉斯法官或我自己被选入美国参议院，都是无关紧要的，一点关系也没有；而我们今天向你们提出的这个重大的问题才是最重要的，远胜过任何人的利益和任何人的政治前途。朋友们，"说到这儿，他又停了下来，听众们屏息以待，唯恐漏掉了一个字，"即使在道格拉斯法官和我自己的那根可怜、脆弱、无用的舌头已经安息在坟墓中时，这个问题仍将继续存在、呼吸及燃烧。"

替他写传记的一位作者指出："这些简单的话，以及他当时的演讲态度，深深打动了每个人的心。"

不断变换节奏，使演讲抑扬顿挫。有效把握演讲时的语气、语调、语速、节奏，能更好地调动听众情绪，驾驭演说气氛，使演讲跌宕起伏，精彩绝伦。

◆ 张弛有度，把握讲话的要点

【大师箴言】

个性是由遗传和环境所决定的，一旦形成就难更改或改进。但我们可以把它加强到某种程度，使它变得更有力量，更有吸引力。不论如何，我们都可以努力对大自然赐给我们的这项奇异的事物做最大的改善。

“言不在多，达意则灵”，“增一字则密，删一字则疏”，说的都是讲话要少而精的道理。演讲更须如此。简洁是演讲口才的一种表现技巧。用最少的字句，表达尽量多的内容，是口才的最基本要求。

演讲口才的高低主要表现在：一是说话不到位不行，说不到位，说不到点子上，别人就可能听不明白，理解不透，琢磨不出你的真实用意，你提出的相反或要求也不会被人重视和接受。二是话说的太过头不行，要求太高，言辞太尖刻，让人听了不愉快，觉得你不识大体，不懂规矩，不知好歹，这样的人常常被人敬而远之，也同样无法与人正常交往。

所以，想要在这个社会上立足和达到成功，就必须努力提高自己的口才。而要想使自己说出的话更富有水平，就必须掌握一些必要的说话技巧。

滔滔不绝，出口成章，是口才好的一种表现，且简洁更能体现一个人的口才水平。

有一次，马克·吐温去教堂作礼拜，恰好遇到一位传教士在搞募捐活动。

刚开始，传教士声情并茂地讲述着非洲人的苦难生活，希望热心人能伸出温暖的援助之手，帮助那些穷困潦倒的非洲难民。马克·吐温听后，十分感动，决定等教士讲完了捐助50美元的爱心款。

但过了十分钟，传教士还在絮絮叨叨地讲个没完没了。马克·吐温听得有点不耐烦了，心想：看来，待会儿我只能给他捐助20美元的善款了。

又过了十分钟，传教士还没讲完，马克·吐温生气了，对自己说：待会儿我一分钱也不出，看他怎么样。

终于，半个多小时过去，传教士才结束了他的爱心捐赠演讲。当他拿起捐款箱挨个向听众收取募捐时，忍无可忍的马克·吐温不但一分钱都没掏，反而从捐款箱中取走了两美元。

由此可见，絮絮叨叨的长篇大论非但不会激发人的情感，只会得到人的厌烦，使人昏昏欲睡。只有简洁明快，语言流畅，才能使听众在有限的时间里集中精力，才能使听众对你所讲的话题产生兴趣，进而受到感染。

演讲者若要做到这种融入个性，言简意赅的演讲，就必须注意简洁演讲的三个特点：

1. 高度概括性

人们在交流思想、介绍情况、陈述观点、发表见解时，为了使对方能够很快了解自己的说话意图，领会要领，往往要使用高度概括、十分凝练的语言，提纲挈领地把问题的本质特征表达出来，以达到一语中的、以少胜多的效果。不少领袖人物都具有这种能力，他们善于高屋建瓴地把握形势，抓住问题的症结，且能用准确精当的语言加以概括表达，其作用和影响非同一般。

林肯任总统期间，在一次溯江视察途中与同船的船员们握手时，有一位司炉工却缩着手，面对总统腼腆地说：“总统，我的手太脏了，不便与你握。”林肯听后笑道：“把手伸过来吧，你的手是为联邦添煤

弄黑的。”短短一句话，听似极为平常，却高度概括，得其要领，充满感情。

事实上，不管世事多么复杂，不管人们产生多么深奥的思想，说到底，就是那么一点或几点经过概括和抽象了的认识。而这些要求是精华，是核心，是本质，只要抓住它，就能提纲挈领，一通百通，产生“片言以居要，一目能传神”的效果。

2. 应急性

由于客观环境的限制，有时由不得你长篇大论，侃侃而谈，环境逼迫你要用三言两语，述其概要。例如在战场上、在抢险工地、在各种危机关头，甚至是一对情侣在汽笛已经拉响的月台上话别，谁也来不及高谈阔论。在这种情况下，惟其简明扼要的话语，才能显示其特有的锋芒。

1812 年，英美战争全面爆发前夕，政府召开紧急会议讨论对英宣战问题。会上，一位议员的发言竟从下午持续到午夜，而这时会场上大多数议员早已进入梦乡。结果，当另一位议员又急又怒地用痰盂向发言者头上掷去而结束发言，通过决议时，英国人已经打到了我们的家门口。不难想象，这种“马拉松式”的发言，超出了听众心理承受能力，让人无法接受是一方面，贻误战机所造成的损失更难以计算。为了制止冗长的发言，现在不少国家采取了一些绝妙的措施。我国南部一些地区规定，发言人讲话必须手握一块冰，他讲多久，就握多久。非洲有一个民族，规定讲话时只允许站一只脚，当这只脚站累了，另一只脚落地时，讲话就被终止。如果说写文章可以“有话则长，无话则短”，那么，在生活节奏日趋加快的今天，说话则应提倡“有话则短，无话则免”。

3. 简单通俗性

简洁的语言一般都很通俗明快，如果追求词藻的华丽、句式的工整，则必然显得拖沓冗长。要使自己的语言简洁精练，重要的是要培养自己分析问题的能力，要学会透过事物的表面现象，把握事物的本质特征，并善于综合概括。在这个基础上形成的交流语言，才能准确、精辟，有力度，有魅力。同时还应尽可能多的掌握一些词汇。福楼拜曾告诫人们：任何事物都有一个名词来称呼，只有一个动词标志它的动作，只有一个形容词来形容它。如果讲话者词汇贫乏，说话时即使搜肠刮肚，也决不会有精彩的谈吐。

简洁绝非“苟简”，为简而简，以简代精。简洁要从实际效果出发，简得适当，恰倒好处。否则，硬是掐头去尾，只能捉襟见肘，挂一漏万，得不偿失。应予承认，任何事物都具有两重性。简短的语言有时很难将相当复杂的思想感情十分清晰地表达出来。与人交往，过简的语言则有碍于相互间的了解，有碍心灵的沟通。同时，简短也是相对的，也不是绝对的。譬如，恩格斯在马克思墓前的演讲长达 15 分钟，却是世所公认最好的演讲。总之，简短应以恰当为前提，该繁则繁，能简则简。

演讲要想独具魅力，吸引听众，必须把自己鲜明的个性体现出来。滔滔不绝，一泻千里的演讲尽管流利优美，然而倘若缺少诚意，那就失去了吸引力，这就如同一束绢花，毫无生命力可言，很漂亮但不鲜活动人，缺少魅力。言简意赅，把握主旨，既是用最精练的语言却能收到最佳的演说效果。所以，简洁明快，独具演说者魅力的演讲，不但易于听众接受，而且能深刻的打动他们的心，取得演讲的成功。

◆ 形神兼备，巧用身体语言

【大师箴言】

一个人的身体语言反映一个人的感觉，身体语言对信息传递有着至关重要的作用。一个人的信息表达是由7%的语言+38%的声音+55%的态势语言组成。

身体是一个信息发射站，身体语言是一种非文字语言的通信手段。

体语是口才的一个不可忽视的组成部分，因此说话人的姿势、仪表修养也是十分重要的。许多著名的演说家，都是十分注意这方面的，并养成了一些良好的习惯姿势：林肯演说时，两脚总是站得十分平齐，身体不依靠任何物体，也不轻易改变他所站的位置和姿态，经常左手握住上衣的下边，右手自然作势，坐落在芝加哥林肯公园的林肯铜像就是他的演说姿势。列宁演说时，总是把左手插入口袋，说到高潮时，挺胸向前，右手臂向左又向右用力伸出，给人一种是真理和胜利的化身的感觉。恩格斯的绰号是“将军”，这是因为他无论在哪儿都十分注重仪表，给人一种端庄、威严、令人肃然起敬的感觉。

我们有的管理者在谈判时，尚未开口，姿势就告诉了对方，你是一个好对付、好蒙骗的大老粗，就打了败仗。有的事后回味，也没有说过错话呀！岂不知你的体语已经给了对方信息。

体语中最主要的是眼睛语言，眼睛是人们心灵的窗口，它往往能无意识地揭示一个人的心理世界。通过眼睛，往往可以看出这个人在说谎、在焦虑、在激动或正兴奋。人与人表示友好，有时甚至不需要语言。有一位将军在二战期间遭迫害，被长期关押，承受繁重的体力劳动，没有人敢与他讲一句话，但他顽强地活过来了，承受住了各种肉体和心灵的折磨，甚至原来的病体竟变健康了。事后他谈体会时说，当时许多人虽然不敢和他讲话，但在眼神的交往中，给了他理解和力量，使他产生了活下去的信心。人们在谈话时，目光往往会变得专注，有时会偶一相遇，又急速离开，有时则会在眼光中闪出光芒，如果两人炽烈地长时间地互相注视则说明他们的谈话进行得很融洽、很热烈。眼光可以传递热爱、信任、敬仰、鼓励、谦卑、傲慢、敌视、憎恨、勇敢、胆怯、诚实、虚伪……总之，大凡一切的感情都可以在眼睛这部特殊的摄像机中放映出来。

脸部表情是体语的第二个组成部分。脸部的肌肉是多块的、活跃的、富有感情的，一颦一皱、一喜一怒、一哭一笑无不有不同的语言。最精通此道者，莫过于画家了，最能表达这一语言者，莫过于哑剧演员了，而平常人的脸部却大都带着无意识的成分，遇见一件不称心的事，明明心里还在努力克制，岂知脸部早已泄露天机。外交家是很注意控制自己的脸部表情的，所谓不动声色，主要是用主观意识来控制自己的脸部表情，这可以说是外交家的艺术之一。

心理学家弗洛伊德说过："所有凡人都掩盖不了自己，如果他口唇静止，手指在轻轻击节，则秘密就会从他的每个毛孔中流溢出来。"身体的各部分、各种动作都是一种体语。哑巴是全靠手的动作来交流语言的，普通人也常常用身体动作来帮助说话，适当的言行举止需要在有意无意之间求得最佳平衡。你注视街上行人要掌握好分寸，表示你意识到对方的存在就足够了，如果你一瞥即收，则显得你傲慢和遮掩；如果你目不转睛，则有好奇之嫌。与熟人见面点头表示"您好"一般在5米内，生人互相注视通常在相距80厘米处，双方目光投向地面，社会学家戈夫曼称这种行为为"一种灯光变暗"。焦虑使你的脚不停地踏着地板，有时畏惧纯粹地表现为明显的持续运动，一种神经质的脚部抖动。争辩时人的脚总是变得紧张起来，赞成者可能跷起二

郎腿；反对者可能双臂相抱，两腿前伸；一些中间者则显得较散漫，什么体态都可能有。如果一个人突然变换了他在椅子上的姿势，则可能意味着他不同意说话者的观点，甚至他在转换立场……

有人说，手是最会说话的。在说话时，适当配上自然的手势，能够较多吸引人们的注意，增加谈话的气氛。有的手势优美动人，令人欣喜；有的手势柔和温暖，令人感激；有的坚决果断，令人信心倍增；有的手势告诉你欢迎，有的表示有话要谈，有的表示请等一等。在让座、握手、递物以及谈话中，手势有时成为谈话的一部分，加强我们语言的力量，丰富我们的语言色彩。但是手势一般也宜慎用、少用，过多的手势、生硬的手势、乱挥乱舞的手势只会使人反感，增加交际障碍，手势特别忌讳指指戳戳，那种点到别人鼻子前的手势，是非砸锅不可的。

下编
卡耐基讲处世的智慧

处世是人生哲学的一个层面，是将人生哲学应用于人生实践的活动。处世涉及作为人类个体的人生主体，涉及主体如何对待他人，如何对待外在的人生环境和人生实践中遇到的各种问题；智慧是最有魅力而又古老的人生追求，这是人类认识事物和运用知识、经验解决问题的能力，一切从先天获得、后天培养的悟性、技能和才思都可归结为智慧之果。人类正是持有这种智慧和对智慧的不懈追求，才成为大千世界的万物之灵。

第七章　与人相处的基本原则

◆ 不要批评、抱怨任何人

【大师智慧】

批评是无益的。它只能激发一个人的防卫心，促使他誓死为自己辩护。批评、指责、抱怨是任何人都会做的，可是，了解与宽容他人却需要自制力及品德。

一项关于12岁到16岁学生的研究显示：30%的学生曾在学校经历过欺侮，也许是受害者，也许是加害者，或可能两者都是。这个数据，实在令人感惊讶。但是，接受采访的青少年却完全不觉得意外，他们只是表示，这个数据可能还偏低了。他们很多人都分享了自己的经验。以下是14岁女孩朱蒂的经验：

我们班上有个叫玛丽的女孩，每个人都爱拿她开玩笑。她是个绝对的完美主义者，班上10分钟做完的测试，她得花上一个小时。她对芭蕾舞很着迷，谈来谈去总离不开她的舞蹈课。还有，她的样子……我尝试对她好，不过，我也没少跟着别人糗她。她会自我解嘲，并不想让人知道她因为这些话语而受到伤害。不过，她妈妈告诉我妈妈说，她每天放学回家都要痛哭一场。当我妈妈找我谈这件事时，我觉得很不好意思。我告诉妈妈，我是想帮她打抱不平的，但是真的很难。我

自己也想被同学喜欢，我可不想为了支持她而成为同学的靶子。以前也有人开我的玩笑，所以，我知道那种感觉有多糟……

朱蒂的故事让我们知道，她就是一个身处两种立场的人。一个人既然了解被孤立与被嘲笑的痛苦，又怎能让他人也有同样的感受呢？这似乎有点令人不可置信。不过，如果我们仔细推敲朱蒂的话，就会发现虽然她以前也被人糗过，但是她并不能真正体会玛丽的处境。如果朱蒂真的能发挥同理心去感受，那她就不可能不帮玛丽说句公道话。事实上，朱蒂只是对她妈妈的批评做出了一个回应而已。

看看朱蒂的例子，很明显我们不该像她那样。她容许自己批评玛丽，嘲笑她的外表与个性，又抱怨不帮忙并非自己的错。我们可能会想自己绝不会做朱蒂那样，其实这种想法本身，就已经是一种批评了。

其实，我们可以由朱蒂的身上学习，我们都知道被人嘲弄的滋味不好受，由朱蒂的例子，我们也可得知伤害别人也不好受。没有人喜欢自己成为一个恶霸，或是不敢仗义执言的鼠辈。不过，你完全用不着让自己也犯同样的错误，我们人人都可以学会少批评别人，学会处理麻烦的状况。

要看到，指责就像通信鸽子，它们总要归巢的。我们要认识到我们所要去纠正和谴责的那些人很可能为自己辩护同时反过来责备我们。

批评是起不到什么效果的，因为它通常把对方推到了自卫和极力辩白的境地。批评是危险的，因为它会伤害别人的自尊，破坏他对自身价值的判断，甚至招致怨恨。

我遇过这样一件事：

午休时分。办公室的门“吱扭”一下被推开了，工会主席走出来。

“今天有一个会议。”他对我说。

“我已经知道了。”

“我们决定由你发表批评意见。”

“好的，”我一口答应，“早该说说我们的厂长了……”

“你疯啦！”工会主席打断了我的话。

“那么，我就讲讲总工程师……”

“你呀……”工会主席赶忙堵住我的口，向四下里张望了一下。

“好吧，不过关于我们的总会计师，总该……”

“不行！”他又打断了我的话头。

我顿时陷入了沉思。

“有了！”稍停片刻，我接着说，“我们这里的电梯管理员有时把大伙困在电梯里下不来。还有清洁女工，她一拖地，就把地板弄得湿漉漉的，可我们许多上了年纪的先生都有关节炎，行走起来很不方便啊。”

“这太好了！”工会主席给我鼓了鼓劲，“还有什么？”

“还有我们办公室的电茶壶坏了。古拉姆就是不送去修理。就是因为他，害得我们午休时没有茶喝，只好干坐着。”

“行，行，这足够了！”工会主席兴高采烈地说，“不要顾情面，要毫无保留地全讲出来……”他得意地搓了搓手，在记事本上记下了我将要发表的意见。

第二天，电梯管理员没有让我乘电梯，擦着我的鼻子把门关上了。

清洁女工没有抹去我办公桌上的灰尘。我整整一天就像是一个害了肺结核的病人，不住地咳嗽。

古拉姆则坐在办公室的另一个墙角，翻阅着新来的《少年技工》杂志。他把牙齿咬得格格直响，还不时向我投来凶狠的目光。

天黑下来以后，各个办公桌上的台灯都亮了，唯独我的桌上不见灯光……

从上面例子中可以看出，与人相处时一定要谨记，我们面对的是充满感情的动物，而不是按照理论与逻辑生活的动物。不要谴责别人，让我们试着去理解他们，找找他们为什么那么做的原因。这比批评更

有好处，更有效果，同时，也激发我们的同情、忍耐和善良的美德。

只有绝大部分愚蠢的人才会批评、指责和抱怨别人。要做到对别人宽恕和了解，就必须完善自己的人格、克制自己的脾气。卡莱尔曾说："要想看出一个伟大人物为什么伟大，看看他是如何对待一个卑微之人的就明白了。"英国大文豪约翰逊博士也说："在世界末日之前，上帝没有审判任何人的打算。"那么我们为什么还要去批评别人呢？

因此，完善处理人际关系的第一条原则就是：不要批评、抱怨任何人。

◆ 适可而止，见好就收

【大师智慧】

使你快乐或不快乐的，不是你有什么，你是谁，人在哪里，或你正做什么，而是你对它的想法。快乐就是经常有一种愉快的自我感觉。这种愉快的感觉主要来自内心的平静祥和、踏实与知足。

大凡一种祸害，往往会在平时埋下祸根；而某种机遇又往往会在困境中种下善果。一个人若是能在适当的时间懂得"见好就收"，不论是自愿的还是被迫的，都是一个很好的转机，因为它能让你留出时间观察和思考，使你找到自己内在的真正的世界。这是一种人生的练达。

托尔斯泰讲过一个故事：有一个人想得到一块土地，地主就对他说，清早，你从这里往外跑，跑一段就插个旗杆，只要你在太阳落山前赶回来，插上旗杆的地都归你。那人就不要命地跑，太阳偏西了还不知足。太阳落山前，他是跑回来了，但已精疲力竭，摔个跟头就再没起来。于是有人挖了个坑，就地埋了他。牧师在给这个人做祈祷的时候说："一个人要多少土地呢？就这么大。"这个死者，正像《伊索寓言》里一个故事所说："有些人因为贪婪，想得到更多的东西，却把现在所有的也失掉了。"

古希腊哲学家艾皮科蒂塔说："一个人生活上的快乐，应该来自尽可能减少对外来事物的依赖。"罗马政治学家及哲学家塞尼加也说："如果你一直觉得不满，那么即使你拥有了整个世界，也会觉得伤心。"

其实，我们每一个人所拥有的财物，无论是有形的，还是无形的，没有一样是属于你自己的。那些东西不过是暂时寄托于你，有的让你暂时使用，有的让你暂时保管而已，到了最后，物归何主，都未可知。所以智者把这些财富统统视为身外之物。

人的欲望是无止境的，当你本来得到很多时，仍奢望得到更多。如果你总是贪求厚利、永不知足，那就等于是在愚弄你自己。所以，在生活和工作中，明确自己的目标和方向是非常必要的。只有在知道你的目标是什么、你到底想做什么之后，你才能够达到自己的目的，你的梦想才会变成现实。

毋庸置疑，"见好就收"是聪明人低调处世的准则。古往今来会做加法的英雄很多，会做减法的智者却很少。于是我们发现那些英雄在做足加法后不懂适可而止，还一味地加下去，结果加数引起变数，反被外部世界做了减法，以致失败。与其外部世界做减法灭掉，不如我们自己先做减法骤然停止游戏，终止游戏规律的控制，便可无恙。

◆ 不急不躁，不骄不恼

【大师智慧】

浮躁就是心浮气躁，是各种心理疾病的根源，是成功、幸福和快乐的绊脚石，是我们人生最大的敌人。

人不可能“跳出三界外，不在五行中”，面对浮躁、功利、奢华、喧嚣，贵在保持清醒和理智、平和与淡然。为什么我们的心境会反复震荡于得意、狂喜、傲慢、迷茫、不安、沮丧、焦虑、恐惧甚至绝望之间？

人们之所以陷入了浮躁的误区，原因就是失衡的心态在作祟。当自己不如别人，当压力太大、过于繁忙、缺乏信仰、急于成功、过分追求完美等等问题出现而又不能得到满意地解决时便会心生浮躁。或者说，浮躁的产生是因为心理状态与现实之间，发生了一种冲突和矛盾。浮躁的基本特征就是急功近利，欲壑难填，形式上就是浮华，思想本质上就是不劳而获。更为严重的是，浮躁就像人生成功路上的毒瘤，而且它们可以互相传染甚至迅速蔓延，它使在这种特定背景下成长的一代人形成了某种可怕的人生观和价值观。

有一位年轻人，他对大学毕业之后何去何从感到彷徨，因为他没有考上研究生，不知道自己未来的发展；他的女朋友将去一个人才云集的大公司，很可能会移情别恋……别的同学都主动去联系工作单位，而他成天借酒消愁，无论做什么都充满浮躁、提不起来一点精神，天天混在宿舍里，无动于衷，甚至天天梦想着时来运转。他还经常和同学争吵，从没有耐心地做好一件事。最后他的同学几乎都找到了自己的工作归属，而他却烦恼丛生。

于是他去找心理医生。心理医生说：“浮躁！无病呻吟！你曾看过章鱼吧？有一只章鱼，在大海中，本来可以自由自在地游动，寻找食物，欣赏海底世界的景致，享受生命的丰富情趣。但它却找了个珊瑚礁，然后动弹不得，焦躁不安，呐喊着说自己陷入绝境，你觉得如何？”心理医生用故事的方式引导他思考。

心理医生提醒他：“当你陷入烦恼的浮躁反应时，记住你就好比那只章鱼，要松开你的八只手，用它们自由游动。系住章鱼的正是自己的手臂。”

人心很容易被种种烦恼所捆绑。但都是自己把自己关进去的，心态浮躁是自投罗网的结果，就像章鱼，作茧自缚，而从不想着走出来，最后让浮躁毁了自己。

因为浮躁，所以坐不住，心不静，想不深，心似了草。生活是一个万花筒，内容五花八门，纷繁复杂，只有拒绝浮躁，静下心来，才能理性去判断生活中的各种现象，让昏昏欲睡的脑子多点清醒。

人们都急切地等待一位推销员大师做精彩演讲。演讲舞台的正中央吊着一个巨大的铁球。大师说：“请两位身体强壮的人到台上来。”转眼间已有两名动作快的年轻人跑到台上。“请你们用这个大铁锤，去敲打那个吊着的铁球，直到让它荡起来。”一个年轻人先拿起铁锤，全力向那吊着的铁球砸去。但一声震耳的响声后，吊球却纹丝不动。他接着用大铁锤不断砸向铁球，铁球还是不动。很快他就气喘吁吁了。另一个人也不示弱，接过大铁锤把吊球打得叮当响，可是铁球仍旧一动不动。

这时，大师从上衣口袋里掏出一个小锤，对着铁球“咚”敲了一下，再“咚”敲了一下。人们奇怪地看着，大师就这样自顾自地敲下去。10 分钟过去了，20 分钟过去了，会场早已开始骚动，有的人干脆叫骂起来。

大师却不闻不问，只管一小锤一停地工作着，大概在进行到40分钟的时候，坐在前面的一个妇女突然尖叫一声："球动了！"接着，铁球在大师一锤一锤的敲打中越荡越高，它拉动着那个铁架子"哐哐"作响，它的巨大威力强烈地震撼着在场的每一个人。

大师开口讲话了。他的告别演讲只有一句话："在人生的道路上，如果你没有耐心去等待成功的到来，那么，你只好用一生的耐心去面对失败。"

浮躁的心态是要不得的，它是我们幸福生活和获取成功路上的绊脚石，必须铲除。在追求成功的道路上，容不得浮躁心态。因为成功往往不会一蹴而就，而是饱含着奋斗者的汗水和心血，苦尽才能甘来。

浮躁是人性的天敌，任何的急功近利只会把人推向痛苦的深渊，在浮躁的社会里，有多少人经不起诱惑，耐不住寂寞，在虚荣和利益面前按捺不住自己的内心。浮躁，使人性失去了根基，使人生的激情退化，使清澈纯洁的心灵受到污染，最终致使精神陷入的贫困。只有淡定，才能于浮躁的社会里坚守原则。在物欲横流的社会里，保持内心的从容和淡定，远离浮躁，拒绝浮躁，让心灵回归如泉水般的清纯，给心灵一片滋润的净土。

◆ 学会包容，和谐共生

【大师智慧】

社会之大，世界之大，不可预测的变数之多，不可能轻易改变，唯一能做的，只有包容。

每个人都有自己的个性，都可能在某些方面与别人不同。因此，与人相处常常会有大大小小的矛盾，当我们面对这些矛盾时，不可认为“狭路相逢勇者胜”，因为胜的同时，一份友情也就消失了。“路径窄处，留一步与人行；滋味浓时，减三分让人食。”这是涉世的一种手法，也是保持友谊的要诀。

前总统罗斯福在还没成功之前，就已经是一个心胸开朗、正直磊落的人，深受亲友敬重。

一次，罗斯福的手表不翼而飞，他四处寻找，发现是邻居偷了他的表。证据确凿之后，所有人都等着看好戏，看看那个邻居会得到什么样的下场。但是罗斯福却一直毫无动静，既没有找那个邻居讨回他的手表，也没有再追究这件事，整件偷窃案就这么不了了之。

后来，邻居之中有一名好事之徒实在忍不住了，他好奇地询问罗斯福，为什么不把这件事情查个水落石出，弄个清楚明白呢？

罗斯福回答他说：“如果我去找他理论，或许可以把手表要回来，但是大家以后见了面都会十分尴尬，对我来说也得不到什么好处。我相信只要我做得很好，别人就不会再找我麻烦，大家可以和睦地相处，那么损失一只手表，又有什么关系呢？”

罗斯福一直以和平融洽为生活宗旨，他从小地方做起，培养自己坦荡开阔的心胸，无论遭遇到任何困难也不会轻易地屈服。

他这样的胸襟长存于每位美国人的心目中，流芳百世，宽宏大量的气度至今仍令人感念不已。

宽以待人，要有主动“让道”精神。包容是一种大智慧，它不是退缩，不是软弱，也不是怯懦，不是投降，而是清醒中的嬗变、理智中的圆滑、愚钝中的机智。善于包容，并且包得恰到好处，是一种处世哲学与艺术，它能使我们从低处走到高处，从幕后走到台前，能使我们的人生从平凡走向卓越。

一位名叫卡尔的卖砖商人，由于另一位对手的竞争而陷入困境。对方在他的经销区域内定期走访建筑师与承包商，告诉他们：卡尔的

公司不可靠，他的砖块不好，生意也面临即将歇业的境地。卡尔对别人解释说他并不认为对手会严重伤害到他的生意。但是这件麻烦事使他心中生出无名之火，真想“用一块砖来敲碎那人肥胖的脑袋作为发泄”。

“有一个星期天早晨”，卡尔说，“牧师讲道时的主题是：要施恩给那些故意跟你为难的人。我把每一个字都仔细听了。就在上个星期五，我的竞争者使我失去了一份30万块砖的订单。但是，牧师却教我们要以德报怨，化敌为友，而且他举了很多例子来证明他的理论。当天下午，我在安排下周日程表时，发现住在弗吉尼亚洲的我的一位顾客，正因为盖一间办公大楼需要一批砖，而所指定的砖型号却不是我们公司制造供应的，却与我竞争对手出售的产品很类似。同时，我也确定那位满嘴胡言的竞争者完全不知道有这笔生意机会”。这使卡尔感到为难，是要遵从牧师的忠告，告诉给对手这项生意的机会，还是按自己的意思去做，让对方永远也得不到这笔生意？卡尔的内心挣扎了一段时间，牧师的忠告一直盘踞在他心田。最后，也许是因为很想证实牧师是错的，他拿起电话拨到竞争对手家里。

接电话的人正是那个对手本人，当时他拿着电话，难堪得一句话也说不出来。卡尔还是礼貌直接地告诉他有关弗吉尼亚洲的那笔生意。结果，那个对手很是感激卡尔。

卡尔说：“我得到了惊人的结果，他不但停止散布有关我的谎言，而且甚至还把他无法处理的一些生意转给我做。”卡尔的心里也比以前好受多了，他与对手之间的阴霾也获得了澄清。

由此可见，要想做一个成功之人，必须具备一个必然的基础，那就是要拥有一颗包容之心。一个人如果不能虚怀若谷，就不能有效地吸纳有益于自己自身发展的精神食粮，只有具备海纳百川，有容乃大的胸怀。

包容，说起来容易做起来难。当生活遇到不平之事的时候，当面对利益纷争的时候，一般人很难做到包容。其实关键的问题在于心态，如果能心态平和一点，坦然地面对世间的人与事，那么，包容的胸怀与智慧就会不请自至。

处世之道最难做到的就是忍让，而最需要做到的也是忍让。“路窄留一步，味浓减一筹”，忍让就是一种像水一样以柔制胜的智慧。你让人，人敬你，和谐的关系自让步中来，事业的顺利自让步中来。一个人什么时候学会以柔示人、让人一步，他的人生境界便会得到大大的提升。

◆ 多一些理解，少一些责备

【大师智慧】

理解与体谅，像一贴清凉剂，可以沁人心脾，感人肺腑。体谅是相互的，不能总是要求他人体谅自己，而自己不去体谅他人。

在生活中，人们的愿望往往与现实存在着差距。正是这些差距让自己内心产生挫折感，引发情绪上的不满，通常会产生种种抱怨情绪，甚至会采取一些消极对抗的行动，然而这绝不是应该选择的态度。如果我们从另外一个角度，用一种豁达大度的心态来对待它，就会将这种不公正当作对成功者的一种考验。

艾柯卡是美国最著名的企业家之一，他在克莱斯勒公司濒临倒闭时，就任该公司的总裁。

“受命于危难之际”的艾柯卡面对公司的困境没有发火、生闷气，没有抱怨员工不尽心尽力，也没有抱怨管理层的懒散与无能，而是以积极的态度与各个方面沟通。

当时的克莱斯勒公司产品严重积压，债台高筑，四处求贷无门，人浮于事，就像一只漏水的船在波涛汹涌的洋面上渐渐下沉。

艾柯卡明白，公司要东山再起，除了首先在内部大刀阔斧地改革，提高员工的士气外，必须尽快着手开发新型轿车，重新参与市场竞争，除此之外没有第二条路可走。可是当时大大小小的银行无一家肯贷款给这家的公司。严峻的现实迫使艾柯卡向政府求援，希望得到政府的担保，以便从银行贷到10亿美元的贷款。

消息传出后，在社会各界引起了轩然大波。原来，美国企业界有条不成文的规矩，认为依靠政府的帮助来发展企业，是不符合自由竞争原则的。面对眼前的困境，艾柯卡既没有泄气，也没有抱怨，他知道沟通比怒火万丈更重要。

艾柯卡每天工作12～16小时，奔走于全国各地，到处演讲游说；同时，又不惜重金雇请说客，游说于国会内外，活动于政府各部门之间，同他互相呼应。

在向国会议员们解释时，他援引史实，说明以前的洛克希德公司、华盛顿地铁公司和全美五大钢铁公司都先后得到过政府的担保，贷款总额高达4097亿美元。克莱斯勒公司在濒临倒闭之际请政府担保，仅仅是为了申请10亿美元的贷款，本来是不该引起人们非议的。

接着，他又向新闻舆论界大声疾呼：挽救克莱斯勒正是为了维护美国的自由企业制度，保证市场的公平竞争。北美一共只有通用、福特和克莱斯勒三大汽车公司，如果因克莱斯勒破产而仅剩两家，形成市场垄断局面，那还有什么自由竞争可言?

对政府部门，艾柯卡则采取不卑不亢的公关策略。他替政府算了一笔账：如果克莱斯勒现在破产，会造成60万工人失业，全国的失业率会因此而提高0.5%，政府第一年便必须为此多支付27亿美元的失业保险金及其他社会福利开支，而最终又将会使纳税人多支出160亿美元来解决种种相关的问题。艾柯卡向当时正受财政出现巨额赤字困扰的美国政府发问："你是愿意白白支付27亿美元呢？还是愿意出面担保，帮助克莱斯勒向银行申请10亿美元的贷款呢？"

艾柯卡还为每一个国会议员开出一张详细的清单，上面列有该议员所在选区内所有同克莱斯勒公司有经济来往的代销商和供应商的名字，并附有一份一旦公司倒闭将会在该选区内产生什么样后果的分析报告。他暗示这些议员，如果因公司倒闭而剥夺你的选民工作机会的话，对你的仕途是不会有什么好结果的。

艾柯卡的公共关系战略终于获得了成功，企业界、新闻界、国会议员都不再反对担保，美国政府也开始采取了积极合作的态度。他终于得到了10亿美元的贷款用于开发新型轿车。三年后，克莱斯勒公司开始扭亏为盈，第四年获得9亿多美元的利润，创造了这家公司有史以来最好的经营纪录。

有的人在不如意时只会一味地抱怨，整天怨天尤人，于是他们终日郁郁寡欢、满腹牢骚。而有的人在不如意时不烦躁、不抱怨，平静对待，去改变，用智慧发现机会、把握机会，使本将无奈的人生过得精彩且美好。而一味抱怨的人常常只能在原地徘徊，自以为是地咒骂眼前的"阴暗"，却不知道那"阴暗"正是自己的影子。

有一位非常爱抱怨的木匠，他整天闷闷不乐，总是爱挑别人的毛病，认为别人对自己不好。一天，他准备开一个特别的聚会，于是邀请他的一个朋友前来帮忙。当聚会结束之后，这位爱抱怨的木匠又开始喋喋不休了，他翻来覆去地抱怨他的兄弟道：

"我的兄弟对我非常不好，他们给我带来很多的麻烦。"

他的朋友问他："他们曾经虐待过你吗？"

"没有。"木匠回答道。

"他们曾经辱骂过你吗？"他的朋友接着问道。

木匠不好意思地说："也没有。"

"他们曾经孤立过你吗？"他的朋友继续追问。

这时，木匠无言以对，只能将头深深地垂下。

他的朋友看到木匠有点醒悟，接着说道："别人既然并没有触犯你的大忌，为什么还要存有抱怨之心呢？"

一席话，令木匠顿时开悟，他深感羞愧，对朋友心怀感激。

过了几个星期，当朋友再次到木匠家做客时，发现爱抱怨的木匠有了奇妙的转变，他每天同他的兄弟们一起工作，并且丢弃了任何怨言，他生活得很快乐，同时也得到了很多人的称赞。

与其在不如意时一味抱怨，不如去寻找那些值得欣赏的东西，支持它，拥护它，理解它，不如尝试着改变自己，改变现状，将生活变得如意起来。因为，抱怨并不能改变你的命运，只能使你更加颓废；抱怨只会繁衍过去的不幸，加重你的负面心情和不满情绪。抱怨已不只是人性的迷茫，更是人性的溃疡。所以，人生在世，多一些理解，少一些抱怨，是做人的上上之策。

第八章 好姿态，留下好印象

◆ 传递温情，用微笑感染对方

【大师智慧】

不要低估微笑的作用，它很可能使一个不相识的人走近你，喜欢上你，成为开启你幸福之门的一把钥匙，成为你走上柳暗花明之境的一盏明灯。

严格来说，人的表情只有两个——哭与笑，至于那些不哭也不笑的面孔，一定是麻木的、冷漠的。谁也不希望自己的人生是麻木的、冷漠的、哭丧着脸的，于是，人人相信——“笑比哭好”。

现实的工作、生活中，一个人对你满若冰霜、横眉冷对；另一个人对你面带笑容，温暖如春，他们同时向你请教一个工作上的问题，你更欢迎哪一个？当然是后者，你会毫不犹豫地对后者知无不言，言无不尽，问一答十；而对前者，恐怕就恰恰相反了。

一个人的面部表情亲切、温和、充满微笑，远比穿着一套高档、华丽的衣服更吸引人注意，也更容易受人欢迎。微笑是组织良好的人际关系，调节各种矛盾的润滑剂。微笑就如同阳光，它能给你的同事带来温暖，使他们对你产生宽厚、谦和、平易近人的良好印象。它能缩短你与他人之间的距离，产生心理上的相容性。微笑是一种宽容、

一种接纳，它使人与人之间心心相通。喜欢微笑着面对他人的人，往往更容易走入对方的世界。难怪有人说微笑是成功者的先锋。

佩斯是某交易所的职员，在交易所工作是令人紧张的，因此他的脾气非常不好，一天都难得有一点笑容，而且在交易所里，他的脾气暴躁，经常和他人发生冲突。

朋友向佩斯提出，问题的主要症结在于佩斯的心态与语言的表达方式，要让自己冷静、平和下来，要让脸上挂着微笑，才能更容易与人交往。朋友还教他一些微笑的技巧，并要求他时刻记住面对他人时脸上始终要带着微笑。

一个月之后，佩斯又找到他的朋友，他这一次满面春风、信心十足，与一个月之前的样子大相径庭，像是变成了另外一个人。

“我学会了微笑的技巧，这改变了我的人生，我现在不但自己很快乐，也给别人带来了快乐，我感到自己离成功一点儿都不远。”

佩斯并没有在能力上有太大的提高，也没有特别的手段让业绩提升，只是用了最简单最容易的微笑，就给自己的生活提供了便利，可见微笑的重要性。

实际上，面带微笑给人温暖如春的感觉，满脸冰霜给人冷如寒冬的感觉。在与人交往中，真诚的微笑往往会给人留下美好而深刻的印象。有人说，微笑是人际交往中最佳的通行证，是人与人之间最短的距离。

因为它可以缩短人与人之间的心理距离，为深入沟通与交往，创造温馨和谐的氛围。

当然，真正的微笑应发自内心，渗透着自己的感情，表里如一。毫无包装或矫饰的微笑才有感染力，才能被视作“参与社交的通行证”。

爱丽丝一家住了十几年的平房，今年终于要搬到高楼里住了。“去看看新家”尽管那是座旧楼，爱丽丝仍然掩饰不住心中的美意，一脚踏进闷热的电梯间，爱丽丝的高兴劲儿减少了一半：一张伤痕累累的桌子将电梯间一分为二，桌子后的高椅子上坐着一位四十多岁的冷面电梯员。看着那张冷脸，爱丽丝另一半的高兴劲儿也消失无踪，顿时感到气温似乎在零下。“几层?”冷冷地。“九层。”爱丽丝想缓和一下气氛，就微笑着说：“阿姨，您的工作挺辛苦，这么热的电梯间，可真让人受不了。”“可不是吗?”电梯员冰冷的脸开始融化，“这么小的地儿，就这么个小电扇，一坐就是6小时……姑娘，九层已到了。”电梯员竟然也微笑着提醒她。爱丽丝忽然发现自己的心情又好起来了，看来，一个微笑再加上一声真诚问候就像一股暖流，瞬间就可以沟通人与人之间陌生的心灵。

后来乘电梯时，爱丽丝和开电梯的阿姨聊得更多了，更亲切了。一天，爱丽丝同几个装修工带着木料来到电梯前，一比划，木料放不进去。“爱丽丝，来，把我的桌子和椅子搬出去，你再把木料一斜，就能放进来了。”电梯阿姨看来很有经验，果然一切顺利，木料运送如此之快，邻居忍不住问爱丽丝：“你们是怎么把木料运上来的?”“电梯呀。”“啊？我们同样的木料，电梯员说这个太长了，电梯里放不下，你们走楼梯！九层啊，我们一层层地扛上来的!”

爱丽丝心里知道这是怎么回事，因为自己的微笑不仅让电梯师傅感觉到了真诚、友善，而且也融化了她们之间的冰冷。

所谓“笑开福来”。微笑因幸福而发，幸福伴喜悦而生，即“情动于中而形于外”。不论你到何处，都要以愉快的心情、真诚的微笑去对待我们身边的每一个人，一个人若能笑得赏心悦目、神采飞扬，那么他肯定能赢得周围人的好感、同情和信赖。

生活中，行动往往比语言更能传递感情。一个微笑所包含的意思是：“我很高兴见到你，你带给我快乐，我喜欢你。”这里所说的微笑应该是发自内心的、真诚的笑，是有适度、有节制的笑容，是自己乐观心态的真实体现。

一位诗人说："我最喜欢的一朵花是开在别人脸上的。"

微笑就是盛开在人们脸上的花朵，微笑是升起在人们心中的太阳，是一个人能够献给渴望爱的人们的高贵礼物。当你把这种礼物奉献给别人的时候，你就能赢得友谊，赢得一切。

对我们每一个人来说，微笑轻而易举，却能照亮所有看到它的人，像穿过乌云的太阳，带给人们温暖。让我们微笑吧，微笑着面对生活，面对周围的人。

当你每一次奉献出微笑的时候，你就在为人类幸福的总量增加了一份，而这微笑的光芒也会回照到你的脸上，给你带来方便、快乐和美好的回忆，何乐而不为呢？

◆ 把握细节，牢记他人的名字

【大师智慧】

记住对方的名字，并把它叫出来，等于给对方一个很巧妙的赞美。相反，若是把他的名字忘了，或写错了，就会处于非常不利的地位。

最单纯、最明显、最重要的得到成功的方法之一，就是记住别人的姓名，使别人觉得自己重要。

吉姆·佛雷 10 岁那年，父亲意外丧生，留下他和母亲及另外两个弟弟。由于家境贫寒，他不得不很早就辍学，到砖厂打工，赚钱贴补家用。他虽然学历有限，却凭着爱尔兰人特有的热情和坦率，处处受人欢迎，进而转入政坛。最叫人佩服的是他还有一种非凡的记人本领，任何认识过的人，他都能牢牢记着对方的全名，而且只字不差。

他连高中部没读过，但在他 46 岁那年就已有四所大学颁给他荣誉教授学位，并且高居民主党要职，最后还担任邮政部长。

一次有记者问起他成功之秘诀。他说："辛勤工作，就这么简单。"

记者有些疑惑，说道："您别开玩笑了！"

他反问道："那你认为我成功的原因是什么？"

记者说："听说你可以一字不差叫出1万个朋友的名字。"

"不，你错了！"他立即回答道："我能叫得出名字的人，少说也有5万人。"

这就是吉姆·佛雷的过人之处。每当他刚认识一个人时，他定会先弄清他的全名、他的家庭状况、他所从事的工作以及他的政治立场，然后据此先对他建立一个概略的印象。当他下一次再见到这个人时，不管隔了多少年，他一定仍能迎上前去在他肩上拍拍，嘘寒问暖一番，或者问问他的老婆孩子，或是问问他最近工作情形。

有这份能耐，也难怪别人会觉得他平易近人，和蔼可亲。

罗斯福竞选总统时，吉姆不辞辛劳地搭乘火车，穿梭往来于中西部各州，每到一地，他立刻深入民众，亲切地与当地民众寒暄、交谈，与他们集会、共餐，并宣传罗斯福总统的政见，与群众进行最亲切的沟通，为罗斯福总统助选。

返回东岸之后，他立即写信给每一个城镇的友人，要他们列出所有与会人士的姓名、住址，集成一本多达数万人的名册，最后仍不辞辛劳，一一写信给名册上的每一个人。并在信件一开始，即亲切地直呼对方的名字：

如"亲爱的比尔"、"亲爱的约瑟"等等，信尾更不忘写下自己的名字"吉姆"。

吉姆很早就已发现，当一大堆人名出现在某人眼前时，他最感兴趣、最关心的是他自己的名字。所以牢记别人的名字，并正确无误地唤出来，对任何人来说，是一种尊重、友善的表现。

在社会交际中，如果你能准确无误地记住了对方的名字，一下子拉近了人与人之间距离，这时交际双方可以很快进行深入的交谈，亲切感就是从你的言语中流露出来的。给人这样一种印象，你的心中装着他，他在你的心中占有一定的地位，他是有价值的，是引起别人注意的人，被叫出名字的人有一种心灵的慰藉，有一种满足。

已故的威士顿·蒂马在20世纪30年代中期接管了他父亲旅馆里的餐厅，将这个原先只有20个座位的小餐厅发展成家族企业，而后横跨密歇根州开了多家分店，成为一条环绕密歇根南部的餐馆带。旅游及假日杂志曾将这家享有盛名的餐馆评为全美最佳餐馆之一。

蒂马店里供应一种风味极佳的利用洗衣机来搅拌的点心，也是使得他声名大燥的原因。这种点心就是蒂马成功的秘诀吗？一部分可以功于它，但最主要的因素，还是在于蒂马对于他人的名字过目不忘。他对每一个到店里来的顾客都热诚欢迎，就像欢迎到他家拜访的宾客一样。同时，他记住每一位他接触过的人的名字。

他是如何做到的呢？蒂马每遇到一个初次见面的人，无论是顾客、商场上的同行或者员工，他都会问他或她的名字，而且是全名。然后蒂马会将这个名字重复三遍。他发现有种方法可以在接下来的对话中很自然地做到这件事。经过这道程序以后，蒂马声称，他就可以永远记住这个人的名字了。

得知一个人的名字并且绝不忘记，就是蒂马的哲学。当然，他也用了一些“诡计”来帮他做到这一点。他在餐馆时，会留心别人的谈话，然后把名字暗暗记下。如果有4个人坐在一张方桌，他就会走上前去介绍自己，同时询问这4个客人的名字。然后他便将他们4人跟东、南、西、北4个方位连在一起：史密斯北、环斯东等等。如果是6个或8个人坐在一张圆桌，他就将他们跟手表的指针方向联想在一起：史密斯在2点钟方向、环斯在8点钟方向，以次类推。

他还会把这些名字写下来。晚上就寝之前，他就把这些名字再拿出来浏览回想一遍。蒂马坚信，重复是记忆的最好办法，而蒂马的方法也确实有效。

爱默生曾说：“完美的品格，是得由无数的小小牺牲才能换来的。”要达到这个目标，绝非一蹴而就，一定要日积月累才能做到。

能够牢记结识的所有人物的姓名，是一项重要的人际交往能力。即使是只有一面之缘，如果你随时随地能够准确地称呼他的姓名，这就是对他最大的恭维和赞赏。

我们应该注意一个名字里所有包含的奇迹，并且要了解名字是完全属于我们交往的这个个人，没有人能够取代。

名字能使人出众，它能使他在众多人中显得独立。所以，人最重视、最爱听，同时也是最希望他人尊重的就是他们自己的姓名。

请牢牢记住与你交往的人的名字吧，你会得到意想不到的收获。

◆ 提升魅力，做个有修养的人

【大师智慧】

我们的言谈，随时会被别人当作判断我们的根据。我们的语言，显示我们的修养程度，它能让听者知道我们究竟是何出身，它是教育文化经历的最佳证明。

修养是指个人在言谈举止、为人处世上所表现出来的态度和品质，是个体心灵的一种外化，是个人魅力的一种传达。有修养的人容易让人接受和亲近，品质恶劣的人惹人厌恶和排斥。因此，我们可以说，修养是一个人身上的一种隐形资本，有修养的人则无形中能够为自己增加成功的砝码。

简单地说，修养是对心灵的耕耘，性情的陶冶。一个人的修养好坏，往往总是表现在一些细小的事情上。因此，一句礼貌的话语，一个善意的动作，都能够透露出一个人的内涵和品质。只有从生活的点点滴滴做起，从身边的小事做起，认真做事，诚实做人，我们身上的闪光点才会渐渐地突显出来，增添自身的魅力。

有一批要毕业的学生，实习时被导师带到国家某实验室里参观。全体学生坐在会议室里等待部长的到来。

这时有秘书给大家倒水，同学们表情木然地看着她忙活，其中一个还问了句："有可乐吗？天太热了。"秘书回答说："抱歉，刚刚用完了。"其中有一名男同学看着有点别扭，心里嘀咕："人家给你倒水还挑三拣四的。"轮到他时，他轻声说："谢谢，大热天的。辛苦了。"秘书抬头看他一眼，满含着惊奇，虽然这是很普通的客气话，却是她今天唯一听到的一句有素质的话。

门开了。部长走进来和大家打招呼，不知怎么回事静悄悄的，没有一个人回应。还是那位男同学左右看了看，犹犹豫豫地鼓了几下掌，同学们这才稀稀落落地跟着拍手，由于不齐，越发显得零乱起来。部长挥了挥手："欢迎同学们到这里来参观。平时这些事一般都是由办公室负责接待。因为我和你们的导师是老同学，非常要好，所以这次我亲自来给大家讲一些有关情况。我看同学们好像都没有带笔记本，这样吧，我让秘书去拿一些我们部里印的纪念手册，送给同学们做纪念。"

接下来，更尴尬的事情发生了，大家都坐在那里，很随意地用一只手接过部长双手递过来的手册。部长脸色越来越难看，走到那位男同学的面前时，已经快要没有耐心了。就在这时，那位男同学礼貌地站起来，身体微倾，双手握住手册恭敬地说了一声："谢谢您！部长先生。"部长闻听此言，不觉眼睛一亮，伸手拍了拍他的肩膀："你叫什么名字？"他照实作答，部长微笑着点头回到自己的座位上。早已汗颜的导师看到此景，微微松了一口气。

两个月后，毕业分配表上，那位男同学被分配到该实验室。有几位颇感不满的同学找到导师：“他的学习成绩最多算是中等，凭什么选他而没有选我们？”导师看了看这几张尚属稚嫩的脸，笑道：“是人家点名来要的，其实你们的机会是完全一样的，你们的成绩甚至比他还要好，但是除了学习之外，你们需要学的东西太多了，修养是第一课。”

故事中那位男同学的表现让我们觉得欣慰，他的成功看似缘于几个细小的微不足道的行动，但恰恰就是在这些细微处展现出了他的综合素质和修养，因此在众人之中，他以其良好的修养获得领导的青睐。所以有时候成功很简单，只是一句话，一个动作，但是有的人却没有注意这些细节，以至于失去了成功的机会。

修养就是资本，这句话不为过。即使你拥有优异的学习成绩，但是在个人品行上缺少修养，也会使自己的形象被扣分。一个人的修养不能模仿，一个人的品质不能伪造，在考验面前，一个真实的自己，一个有着良好品质和修养的自己，才是自己最好的证明。

维特门是哈佛大学毕业的著名律师，当被选为州议员之后，他穿着乡下人的服装，从农庄来到了波士顿，在一家旅馆的客厅里坐下休息。这时候，他听到一群绅士淑女在议论：“阿，来了一个地道的乡巴佬，我们逗逗他。”于是，他们就围了过来，向他提出各种各样的怪问题，企图嘲弄他。维特门站起来说：“女士们、先生们，请允许我祝愿你们愉快和健康。在这前进的时代里，难道你们不可以变得更有教养、更聪明些吗？穿着高贵，言词如此，这是虚伪。你们仅从我的衣着看我就不免看错了人，以为我是乡巴佬。而我呢，因为同样的原因，还以为你们是绅士淑女。其实，我们都错了。”这时，有人走进来尊称维持门先生，维特门转过身来，对那伙呆若木鸡的人们说：“再见了，祝你们晚安。”

修养，重在修炼和培养，是个人对自己心灵的修缮和补充。良好的德性和修养，是一个人之所以为人的基础，更是一个人成为杰出的人的资本。拥有聪明才智固然重要，但是必须是建立在高尚的品德和深厚的修养之上，否则就犹如建在沙滩上的高楼，终会坍塌。

◆ 不卑不亢，保持人格的独立

【大师智慧】

在强大的对手面前，处于守势的一方，要想保持尊严，看起来是一件比较困难的事，但只要记住“不卑不亢”四个字，还是可以做到的。

一个人在与他人交往的过程中，必须不轻视对方、不向对方谄媚，才能赢得尊敬。这就是不卑不亢的处事原则。从根本上，平等待人既是每个人的内在要求，也是人际关系应该遵循的基本原则。所以，无论面对比我们能力强的人，还是面对年龄、财富比我们低的人，都应该具备不卑不亢的心态，这是我们在人际交往中应该具备的一种风度。

电影明星詹姆斯·迪恩的车出了故障，他将车开到检修站，接待他的是一个年轻俊美的女士，她的美貌一下子吸引了他。可是这个姑娘仿佛不认识这个大名鼎鼎的明星似的，并没表示出丝毫的惊讶和兴奋。

詹姆斯·迪恩觉得很纳闷：“要知道很多人都争着给我签名呢，这个女孩真怪。”于是他忍不住问道：“您喜欢看电影吗？”“当然喜欢，我是个电影迷。”女孩答道。

她手脚麻利，看得出她的修车技术非常熟练。半小时不到，她就修好了车。

可是，詹姆斯·迪恩并没有马上离开，他依然不死心，希望这个女孩能认出自己。最后，女孩说：“您可以开走了，先生。”

他却依依不舍：“小姐，您可以陪我去兜兜风吗？”

“不，先生，我还有工作。”

“这同样是您的工作。您修的车，难道不亲自检查一下吗？”

“好吧，是您开还是我开？”

“当然我开，是我邀请您的嘛。”

车跑得很好。姑娘说：“看来没有什么问题，请让我下车好吗？”

“怎么，您不想再陪陪我吗？我再问您一遍，您喜欢看电影吗？”

“我回答过了，喜欢，而且是个影迷。”

“您不认识我？”

“怎么不认识，您一来我就认出，您是当代影帝詹姆斯·迪恩。”

“既然如此，您为何对我这样冷淡？”

“不！您错了，我没有冷淡。只是没有像别的女孩子那样狂热。您有您的成绩，我有我的工作。您今天来修车，只是我的顾客，我就像接待顾客一样接待您；将来如果您不再是明星了，再来修车，我也会像今天一样接待您。人与人之间不应该是这样吗？”

他沉默了。在这个普通的女工面前，他感觉到自己的浅薄与狂妄。

“小姐，谢谢！您让我受到了一次很好的教育。现在，我送您回去。再要修车的话，我还会来找您。”

尽管不同的人所取得的成绩不一样，但是有一点却是共同的，那就是：人生而平等，我们没有必要向比我们有钱比我们有权有势的人献媚，那样就降低了人格，是任何人都会鄙视的行为。

做人要恪守本分，不卑不亢，如此做人才不丧失尊严。

有一件发生在前总统罗斯福身上的故事，令人深思。

罗斯福总统非常喜欢英国人的浪漫和幽默，但他却忍受不了英国

官员不时流露出的傲慢情绪。这点让罗斯福极为反感。

一天，财政部长亨利·摩根索接到一封英国财政大臣的信，摩根索看过后把它交给罗斯福。罗斯福接过信便一眼看出了英国人显露出的傲慢神情。信首称呼没有加任何官衔，而是很不礼貌地直呼其名："亨利·摩根索先生"。

后来，当摩根索给他看他写好的回信时，罗斯福说："这封回信的内容写得不错，但你犯了一个错误。"摩根索有些惊慌失措，忙问："我犯了什么错误?"罗斯福说，"也许你只顾看信里的内容，而忽视了称呼上的名堂。你应该直呼其名，与你收到的那封信的称呼应当一致，不要加任何官衔。"

信寄出之后，摩根索很快收到了回信。英国财政大臣在他的第二封来信中，已经规规矩矩地加上了美国财政部长的官衔。

做人不卑不亢，体现了一个人的人格魅力，不卑不亢就是一种平等待人的气魄和胸怀。

平等待人是促成朋友真情的有力保证。一旦对别人尤其是对朋友进行差别对待，就像江河出现了落差，势必在朋友间出现裂缝、隔阂；所谓的真心对待便无从说起了。平等地对待身边的每一个人是做人的原则，在新的人际环境中更应注意这一点。每个人都希望别人尊重自己，心中都有一把尺子，时时衡量着别人对自己的尊重程度，并以此决定自己对他人的尊重程度。

时光荏苒，人生短暂。要快乐地品尝人生的盛宴，需要每个人拥有一份荣辱不惊、不卑不亢的平常心态。当我们出入豪华场所，用不着为自己过时的衣着而羞愧；遇见大款老板、高官名人，也用不着点头哈腰，不妨礼貌地与他们点头微笑；即使身份卑微，也不必愁眉苦脸，要快乐地抬起头，尽情地享受阳光；即使没有骄人的学历，也不必怨天忧人，而要保持一种积极拼搏的人生态度。我们用不着羡慕别人美丽的光环，只要我们拥有一份平和的心态，尽自己所能，选择人生的目标和生活，勇敢地面对人生的种种挑战，无愧于社会和他人、无愧于自己，那我们的心灵圣地就一定会阳光灿烂，鲜花盛开。

◆ 礼尚往来，予人玫瑰手留香

【大师智慧】

自己力量是有限的，是我们每一个人的问题。但是只要有心与人合作，善假于物，那就要取人之长，补己之短，而且能互惠互利，让合作的双方都能从中受益。

我们每一个人都需要亲朋的帮助，帮助是相互的，所以我们往往会说要互相二字，一个人不可能永远的寻求别人的帮助而不回报别人，这样的人，久而久之就会失去朋友，也失去帮助。而一个经常给予人帮助的人也就会经常得到别人的帮助。所以，主动地帮助别人其实就是给自己做一项无形的投资，而这种投资是没有风险的。

为什么说这种投资是没有风险的？因为你只有真心地帮助别人，才能够真心地得到别人的帮助。如果只是敷衍别人，或者是怀着等价交换的心理来帮助别人，这样换来的只是帮助，而不是人心。人心是最难得的，有时却也容易得，所谓心心相印，将心比心，以你的真心换取别人的真心。然而往往真心的帮助别人，当你在遭遇困境的时候，在你陷于无助的时候，就会意外地得到别人的帮助，给你帮助的人不一定是曾经你帮助过的人，或许只是个从未谋面的陌生人。所以，主动帮助别人是一种无形的投资，也可以说是一种无形的资产，之所以无形就是根本看不见，摸不着，但它却真实地存在着。

有这样一个寓言：

动物王国里，老山羊带着儿子去地里收白菜时，发现自己家的白菜已被别人偷走了许多。

“爸爸，这一定是野猪干的。你看，地上还有它的脚印呢。走，我们找它算账去。”小山羊说。

“算了，儿子。我想野猪一定是饿极了，才这样做的。”老山羊拦住了儿子，淡淡地说。

几天后，老山羊又带着儿子去地里挖土豆时，又发现土豆地已被拱翻了一大片。很显然，野猪又偷走了一些土豆。

“爸爸，咱们不能再忍了。我们现在就去找野猪算账，它太过分了。”小山羊气愤地说。

“不，儿子。野猪也是有自尊心的。它如果不是家里有什么困难，是绝不会来偷土豆的。”

“爸爸，这只野猪可是懒得出了名的啊！它自己不劳动，就是靠小偷小摸混日子。”

“儿子，不要在背后说别人的坏话！我觉得野猪的本质并不坏，它一定会学好的。”

父子俩的对话恰好被躲在草丛中的野猪听到了，它惭愧地低下了头。

就在父子俩埋头干活的时候，一只饥饿的狼悄悄地溜到了土豆地里。就在狼扑向小山羊的那一瞬间，野猪发现了它。野猪跳了出来，勇敢地迎了上去。几个回合之后，狼败在野猪的獠牙下，灰溜溜地逃走了。

“谢谢你救了我们的命！”老山羊带着儿子赶忙过来感谢野猪。

“不，说谢谢的应该是我。我一次次地偷你家的东西，可你们每次都原谅了我，是你们的宽容感动了我。”野猪说完，便卖力地帮老山羊拱起土豆来。

在生活中，我们不应该吝啬自己的爱和关怀。给悲伤中的人一丝安慰，给怯懦的人一点勇气，给失败的人一点鼓励，给犯错的人一份包容……你所付出的并不多，既不会使你的财富减少，也不会使你的感情干涸，但对于他人来说，你的一言一行都是把他们从窘境中拯救出来的动力。你的一个微笑，一次握手，一个眼神，都能使窘境中的人温暖盈心。而你，因为能包容、能相信、能奉献，心中永远不会有孤独、无助的阴影。

在处理人际关系时，不能因为有共同的利益关系就待人苛刻，在别人需要帮助的时候袖手旁观。要以一种良好的心态来面对他人的成绩，不能心存嫉妒，而只能祝福，努力学习别人怎么能做得那么好。别人有了困难，要尽自己最大的努力去帮助，不能幸灾乐祸。更不能为了利益而落井下石。其实，在别人最需要你帮助的时候，你能伸手给予别人帮助，是最能体现一个人素质的时候。

两个钓鱼高手一起到池塘垂钓。没过多长时间，都大有收获。这时，池塘附近来了十多名游客。见这两人很轻松就能把鱼钓上来，都很是羡慕，便都到附近去买了一些钓竿来试试自己的运气如何。只是这些人多数都是第一次钓鱼，因此费了半天工夫也没钓上一条鱼。

于是，有人便去请教那两位钓鱼高手。这两位钓鱼高手中其中一人性格孤僻，不爱搭理人，对那些来请教自己的人爱理不理。但另一位钓鱼高手却是个热心、豪放、爱交朋友的人。见游客们钓不到鱼，就主动对来请教的人说：“我来教你们钓鱼，如果你们学会了，又钓到一大堆鱼，就每十尾分给我一尾。不满十尾就不必给我。”那些游客听后很高兴，都认为这个方法很好。

这位钓鱼高手很认真地教每个人，教完这一群人，他又到另一群人中，同样也传授钓鱼术，依然要求每钓十尾回馈给他一尾。一天下来，这位热心助人的钓鱼高手，几乎把所有时间都用于指导垂钓者。不过他还是收获了满满的一大箩鱼，并且还认识了一大群新朋友。而另一位钓鱼高手，很辛苦地钓了一整天后，检视自己竹篓里的鱼，发

现自己的收获竟远没有同伴的多。

当我们把玫瑰花送给别人时，自己的手上也沾染了玫瑰的花香；当我们抓起泥巴想撒向别人时，首先弄脏了的是自己的手。想要成功的人，一定要明白一个永恒的成功法则：想要自己获得帮助，首先帮助别人；想成就自己，就要先想出办法去成就别人。如果你积累了人心，迟早有一天，那些暂时牺牲的利益，会还给你更巨大的回报！

第九章　与人相处的基本原则

◆ 己所不欲，勿施于人

【大师智慧】

每个人的内心都有一杆秤，不要把自己讨厌的东西给别人，因为对方也不会喜欢。把握这一原则，才能顺利与人交往，达成目标。

人就像一块磁铁，吸引思想相近、志同道合的同类，排斥其他不同类的。如果你想结交仁慈、慷慨的人，自己也必须先成为这样的人，种什么因，收什么果。你所有的思想，最后都会回到你自己的身上。

英国作家毛姆在自己的小说《啼笑皆非》中写了这么一段耐人寻味的故事：

一位小人物一举成为名作家了，新朋老友纷纷向他道贺，成名前的门可罗雀同成名后的门庭若市形成了鲜明的对比。就连一位早已疏远的老朋友也找上门来，向他道贺。

怎么办呢？是接待他还是不接待他？按照本意，自己实在无心见他，因为一无共同语言，二来浪费时间。可是人家好心好意来看你，闭门不见似乎说不过去。于是只好见面了。

见面后，朋友又非要邀请他改日到自己家去吃饭。尽管他内心一百个不乐意，但盛情难却，他不得不佯装愉悦地应允了。

在朋友家的饭桌上，尽管他没有叙旧之情，可是又怕冷场，于是又得强迫自己无话找话。这种窘迫相可想而知……来而不往非礼也，虽然他很不愿意再同这位朋友打交道，但他还是不得不提出要回请朋友一顿。而且他还得苦心盘算：究竟请这位朋友到哪家饭店合适呢？去第一流的大酒店吧，他担心他的朋友会疑心自己是要在他面前摆阔；找个二流的吧，他又担心朋友会觉得他过于吝啬……

无论做什么事，说什么话我们都应该站在别人的角度上思考，换言之，就是要推己及人。如果你能从别人的角度多想想，你就不难找到妥善处理问题的方法，因为你和别人的思想沟通了，就有了彼此理解的基础。

人的思想总是在不断的矛盾运动中发展着的。当交际中发生矛盾时，如何正视矛盾而又不使它激化，解决矛盾又不妨害双方之间的感情呢？体谅对方，善解人意就是一个好办法。

玛丽贷款买了一辆汽车。到了分期付款日时，她却没有钱付款，因此，她接到了代理商肯特打来的电话。在电话里，肯特不客气地对玛丽说：“如果在星期一早晨，你还没有缴出应付款，我们公司将会采取进一步行动。”

当时正值周末，玛丽根本没办法筹到钱，因此在星期一大清早接到肯特的电话时，玛丽听到的就没有什么好话了。但是她并没有发脾气，而是以肯特的角度来看这件事情，玛丽为自己给肯特带来了很多的麻烦而真诚地抱歉，而且由于这并不是自己第一次过期未付款，自己一定是令肯特最头疼的顾客。

令玛丽没有想到的是，她站在对方立场说的一番话，却起到了很大的作用。肯特听了她抱歉的话后，立即谅解了她，并说有不少顾客有时候极为不讲理，或者是满口谎言，更有一些顾客躲避他，根本不跟他见面。

玛丽安静地听着，没有打断他的话，让他吐出心里的不快。然后，在玛丽未向肯特作出任何请求前，肯特主动说如果玛丽不能立刻支付所欠的款额也没关系，只需要在月底缴出所有欠款给他，一切就没有问题了。

在此我们不妨假设一下，如果玛丽在接到肯特的催款电话时，说一些过激的话，就有可能激化矛盾。幸运的是，玛丽能够站在对方的立场考虑问题，能够设身处地地为对方着想，因此赢得了对方的好感，而对方也考虑到了她的感受和难处，没有再接着催款，使玛丽渡过了一个难关。可见，在与人交往时，学会换位思考，是非常重要的。

大多数亲密关系的成功，直接与你能否做到换位思考有关。设身处地地站在他人的立场上想问题，善于了解他人。在交往的过程中，如果两个人都只为自己着想，期望他人能为我做点什么，而不考虑自己应该为对方做点什么，那么，这种关系就不会顺利发展，必然会矛盾重重。健康的人际关系应该建立在利益共享、互相帮助的基础上，而不是一方付出、一方获得的基础上。了解他人，体恤他人，这是你应该具备的能力，这样做可以激发你对他人的爱、同情和理解，而这些情感是形成每一种重要的人际关系的核心。

换位思考是融洽人与人之间关系的最佳润滑剂。人们也都有这样一个重要特点：即总是站在自己的角度去思考问题。假如我们能换一个角度，总是站在他人的立场上去思考问题，会得出怎样的结果呢？最终的结果就是多了一些理解和宽容，改善和拉近了人与人之间的关系，这一切都是从换位思考做起的。

播种一个行动，你会收到一个习惯；播种一个习惯，你会收到一个个性；播种一个个性，你会收到一个命运；播种一个善行，你会收到一个善果；播种一个恶行，你会收到一个恶果。

态度是互动的。人们总是根据对方的态度来采取相应的态度。你对别人抱以亲切、友善的态度，那么对方就会回敬你同样亲切、友善

的态度。态度的体现不过是一个微笑、一个眼神、一个动作、一句话……然而，它却有着极大的魔力。

◆ 少一些怨恨，多一些感激

【大师智慧】

感激就像爱一样，不是一种情感，而是一种意愿产生的行为。我们选择去感激，就像我们选择去爱一样。

生活中，人与人之间难免会有一些怨恨之情，这时，如果我们有意识地把自己的怨恨转化为感激，用豁达的心胸去面对自己的“敌人”，就能平息彼此之间的怨恨。

乔治·罗纳在维也纳当了很多年律师，但是在第二次世界大战期间，他逃到瑞典，一文不名，很需要找份工作。因为他能说并能写好几国语言，所以希望能够在一家进出口公司找到一份秘书工作。

绝大多数公司都回信告诉他，因为正在打仗，他们不需要用这一类的人，不过他们会把他的名字存在档案里。

不过有一个人在给乔治·罗纳的信上说：“你对我生意的了解完全错误。你既错又笨，我根本不需要任何替我写信的秘书。即使我需要，也不会请你，因为你甚至连瑞典文也写不好，信里全是错字。”

当乔治·罗纳看到这封信的时候，简直气得发疯。于是乔治·罗纳也写了一封信，目的是想使那个人大发脾气。

但接着他停下来对自己说：“等一等，我怎么知道这个人说的是不是对的？我学习过瑞典文，可它并不是我的母语，也许我确实犯了很多我并不知道的错误。如果是这样的话，那么我想得到一份工作，就必须再努力学习。这个人可能帮了我一个大忙，虽然他本意并非如此。他用这种难听的话来表达他的意见，并不表示我就不亏欠他，所以应该写封信给他，感谢他一番。”

于是乔治·罗纳撕掉了他刚写好的那封骂人的信，另外写了一封信说：“你这样不嫌麻烦地写信给我实在是太好了，尤其是你并不需要一个替你写信的秘书。对于我把贵公司的业务弄错的事我觉得非常抱歉。我之所以写信给你，是因为我向别人打听，而别人把你介绍给我，说您是这一行的领导人物。我并不知道我的信上有很多文法上的错误，我觉得很惭愧，也很难过。我现在打算更努力地学习瑞典文，以改正我的错误，谢谢你帮助我走上改进之路。”

感激可以温暖人的心灵、消除人与人之间的隔阂，给人以更多的快乐与勇气；感激能够驱散寂寞、缓解痛苦，给人以更多的友情与温馨。心存感激使生活之中充满更多的欢乐与幸福，能使人们得到更多的善意与宽容。

生活中，我们也许受到过不少教训，主要缘于我们的心很容易钻入各式各样的牛角尖。可当我们这么做时，第一个离开我们的就是感激之情。我们会把生命中来往的人视为理所当然，于是，生活中本来可以经常感受到的爱，也被憎恨与挫折所取代了。

如果我们换一种方式来练习、提醒自己，把焦点放在人生光明的一面上——思索自己应当感激的对象时，一个又一个人影就会接二连三地浮上心头。要学会感激，感激是一种处世哲学，是生活中的大智慧。

感激之情是滋润生命的营养素，是人生快乐的“心眼”。如果我们每一个人都怀有一种感激之情，那我们的社会也会变得更加和谐，更加亲切。我们自身也会因为这种心理的存在，而变得愉快和幸福起来。

学会感激，让感激之情来滋润我们的生命，这样，你就会在最简单的生活中，依然能找到幸福。

◆ 信守承诺，把诚信放在第一位

【大师智慧】

一个守信的人会不折不扣地履行他的诺言，会一丝不苟地完成自己承诺的事情。只有守信并且视信誉为生命的人，才能让自己与他人的交往更为顺利。

一个人要成就一番事业，没有良好的信誉、诚信的美德、切合实际的行动是不行的；只有襟怀坦荡、光明磊落的人才会以诚信为本，才能成为一个真正的成功者。

金融大鳄摩根还没有发迹的时候，他是伊特纳火灾保险公司的一个股东。当时的伊特纳火灾保险公司是一家毫无名气的小保险公司，而且可以暂时不用拿出钱来，只要在其股东名册上签到姓名就可以成为该公司的股东。

不久，伊特纳公司的一个客户发生了一场大火，公司为此不得不付出赔偿金，但那是一笔巨大的赔偿金，实力不强的伊特纳公司如果付清赔偿金的话，就会陷入破产的境地。股东们一下子都好像跌入了万丈深渊，纷纷要求退股。

把信用看得比金钱还重要的摩根经过再三考虑，为了偿付客户的赔偿款四处奔波，甚至连自己的住房也卖掉了，最后把全部的赔偿付给了那家发生火灾的客户。另外，他还低价收回了那些要求退股股东的股票。经过此次事故，摩根虽然损失了不少，但在人们的心目中，伊特纳保险公司成了一家守信用的公司。接近破产的他，不得不打出广告：凡是以后参保的客户，保险金加倍收取。但在很多人的心中，信誉就是金钱，很多客户纷纷而来，从此伊特纳公司迅速发展了起来。

又经过了许多年，摩根的公司在华尔街独占鳌头，摩根积聚了亿万财富，他成了一位富可敌国的金融家。

任何人成功的关键并不在于他的天赋异禀，最为根本、最为重要的是他所具有的品质，即“商品”——真、善、美的品质。真则身立，善则商通，美则长行于世。诚实是最基本的人格要素，也是做人最基本的道德要求。诚信不仅能够折射出一个人的最本质特征，也是一个人的立世之本。

“人之交，信为本”，诚信是社交中的一条基本法则。所谓“言必信，行必果”是指一个人说话算数，信守诺言、一诺千金。在社交中，守信、取信于人，才能立于不败之地，并塑造出良好的形象。

有一次，百事可乐的总裁卡尔·威勒欧普准备到著名的科罗拉多大学演讲的时候，一个叫杰夫的商人想与他见面谈一谈，就通过一个熟人引见了卡尔。卡尔应允了，但只能在演讲完成以后，而且只有15分钟的谈话时间。

杰夫在演讲礼堂的外边等候演讲的卡尔……

卡尔兴致勃勃地为大学生们讲自己的创业史，讲成功的经验与原则。不知不觉中已超过了与杰夫预约的时间。很显然，他忘记了自己与杰夫的约定。

正当他演讲很高兴的时候，发现一个人从礼堂外边朝自己的演讲台走了过来，那个人一直走到自己的面前。一言不发地放下了一张名片然后转身走开。卡尔翻过名片，背面写着：不要忘记了你和杰夫的约定。

卡尔猛然想起了这件事情。一边是兴致勃勃的学生在期待着自己的演讲，一边是一个名不见经传的商人向他请教。卡尔没有犹豫，于

是他很委婉地向大家表示了道歉，他说："很高兴大家能听我的演讲，本来我还想和大家继续探讨一些大家感兴趣的话题，但我一个约会，而且现在已经迟到了。迟到已经是对别人不礼貌了，我不能失约，请大家原谅，并祝大家好运。"

下边坐着的学生给予了卡尔雷鸣般的掌声，卡尔迅速的走出礼堂，并向杰夫表示了自己的歉意。随后，卡尔很诚恳的向杰夫讲解了杰夫所需要的一切。结果，他们的谈话持续了30多分钟。

后来，杰夫成了一名杰出的商人，每每向朋友提及此事，都大加赞赏卡尔诚信的做人态度。他的朋友们对百事可乐产生了浓厚的兴趣，并决定从事经营百事可乐的工作。

诚信不但是人性优点的基础，而且是创造财富的基石。做人要讲诚信，合作更要讲诚信。但真正的诚信不是挂在嘴上的，要放在心里，要用心去做。诚信是无价的。

诚信不是一朝一夕就能做到的事情，它需要我们终生都来维护。守信是一个人在社交场合行走的通行证，只有诚信的人，才会让人信任，才会取得社交的成功。

诚信是为人之根本，以诚待人，也以信为要。精诚所至，金石为开，诚能化万物，也就是所谓的"诚则灵"。拥有一颗诚信的心，它不仅让自己更加坦荡，也更加自信、从容。把诚信牢记心间，落实于行动；把诚信当作心灵的财富看待，人生之路才会越走越宽，越走越美。

◆ 但求付出，不求回报

【大师智慧】

付出与回报是双向的，没有得不到回报的付出，也没有不用付出就能得到的回报。

真心帮助，不夹带任何杂念的付出，就是真善；不怕将来没有回报的付出，就是真善；不对付出者存在任何轻视之心的付出，就是真善。

一天，一个贫穷的小男孩为了攒够学费正挨家挨户地推销商品，劳累了一整天的他此时感到十分饥饿，但摸遍全身，却只有一角钱。怎么办呢？他决定向下一户人家讨口饭吃。

当一位美丽的小女孩打开房门的时候，这个小男孩却有点不知所措了，他没有要饭，只乞求给他一口水喝。这位小女孩看到他很饥饿的样子，就拿了一大杯牛奶给他。

男孩慢慢地喝完牛奶，问道："我应该付多少钱？"

小女孩回答道："一分钱也不用付。妈妈教导我们，施以爱心，不图回报。"

男孩说："那么，就请接受我由衷的感谢吧！"说完，男孩离开了这户人家。此时，他不仅感到自己浑身是劲儿，那种男子汉的豪气像山洪一样迸发出来。其实，男孩本来是打算退学的。

若干年后，那位已长大成人的小女孩得了一种罕见的重病，当地的医生对此束手无策。最后，她被转到大城市医治，由专家会诊治疗。当年的那个小男孩如今已是大名鼎鼎的霍华德·凯利医生了，他也参

与了医治方案的制定。当看到病历上所写的病人的来历时，一个奇怪的念头霎时间闪过他的脑际。他马上起身直奔病房。

来到病房，凯利医生一眼就认出床上躺着的病人就是那位曾帮助过他的恩人。他回到自己的办公室，决心一定要竭尽所能来治好恩人的病。

从那天起，凯利医生就特别地关照这个病人。经过艰辛努力，手术成功了。凯利医生要求把医药费通知单送到他那里，在通知单的旁边，他签了字。

当医药费通知单送到这位特殊的病人手中时，她不敢看，因为她确信，治病的费用将会花去她的全部家当。

最后，她还是鼓起勇气，翻开了医药费通知单，旁边的那行小字引起了她的注意，她不禁轻声读了出来："医药费——一满杯牛奶！"

在现实生活中，一些人怀揣一种固有的思维模式，他们认为帮助别人自己就会有所牺牲，别人得到了自己就一定会失去，所以总是千方百计想要补偿回来。其实，这就大错特错了。因为，你帮助了别人，并不意味着你就吃亏了，且不说这是助人为乐高尚品质的良好体现，就单从是否获益的角度来说，你也未必就一定没有丝毫回报。人终究是有情感的动物，你帮助了别人，别人肯定会心底留着这份恩情，说不定在日后你陷入困境的关键时刻，受过你恩惠的人就会挺身而出来回报你。你怀有慈悲心帮助别人的同时也会在一定程度上强大了自己，事实上最终获益的也包括你自己。

在一个又冷又黑的夜晚，一位老人的汽车在郊区的道路上抛锚了。她等了半个多小时，好不容易有一辆车经过，开车的男子见此情况二话没说便下车帮忙。

几分钟后，车修好了，老人问他要多少钱，那位男子回答说："我这么做只是为了助人为乐。"但老人坚持要付些钱作为报酬。中年男子谢绝了她的好意，并说："我感谢您的深情厚谊，但我想还有更多的人比我更需要钱，您不妨把钱给那些比我更需要的人。”最后，他们各自上路了。

随后，老人来到一家咖啡馆，一位身怀六甲的女招待员即刻为她送上一杯热咖啡，并问：“夫人，欢迎光临本店，您为什么这么晚还在赶路呢？”于是老人就讲了刚才遇到的事，女招待听后感慨道：“这样的好人现在真难得，你真幸运碰到这样的好人。”老人问她怎么工作到这么晚，女招待说为了迎接孩子的出世而需要第二份工作的薪水。老人听后执意要女招待员收下 200 美元小费。女招待员惊呼不能收下这么一大笔小费。老人回答说：“你比我更需要它。”

女招待员回到家，把这件事告诉了她的丈夫，她丈夫大感诧异，世界上竟有这么巧的事情。原来她丈夫就是那个好心的修车人。

生活中经常有这样的人，帮了别人的忙，就觉得有恩于人，心怀一种优越感。这种态度时危险的，常常会引发反面的后果：帮了别人的忙，却没有增加自己的人情“账户”的“收入”，反而因为自己骄傲的态度，把这笔“账”抵消了。

俗话说的好：“种瓜得瓜，种豆得豆”。我们在“播种”的同时，也种下了自己的将来，你做的一切都会在将来的某一天、某一时间、某一地点，以某一方式在你最需要它的时候回报给你。宇宙是圆的，想得到爱，先付出爱，要得到快乐，先献出快乐，你播种终会收获。

◆ 珍视时间，做有价值的沟通

【大师智慧】

时间对于我们每个人都是重要的。时间就是金钱，就是效率，就是奇迹。

世界上最值钱的珍宝也许价值连城，但对于我们而言，最值钱也最有可能抓到手的不是珍宝，而是时间。再珍贵的珍宝都不可能与时间的价值相提并论。那些成功了的人也许没有珍宝收藏，但他们却懂得收藏比珍宝更有价值的时间。他们不会浪费自己的时间，更不会浪费别人的时间，这是他们对待自己和他人的态度。

威廉·格里辛格是德国著名医学家，他不愿白白浪费宝贵的时间，看病时只想知道那些最重要的，而对病人的唠唠叨叨往往会发火。

有一天上午，来了一位对他有所了解的女病人。她一言不发地把手伸给了医生。

“事故?”——“玻璃碎片。”

“何时?”——“昨天早晨。”

“已处理过了?”——“碘酒。”

“还痛吗?”——“感到血管跳动。”

接着进行了简短的检查，伤口得到了包扎。

“费用?”

“真令人高兴，”格里辛格笑容可掬地回答，“不用付钱，夫人，这对我来说是一种享受，该感谢的是我!”

在这则笑话中，女病人了解到医生不喜欢唠唠叨叨的病人，于是她很配合医生，非常简短地回答医生的提问。女病人善解人意的举动，让医生乐到心坎上了，最后都不收钱了，对双方来说真是皆大欢喜。

还有一个小故事：

在富兰克林报社前面的商店里，一位犹豫了将近 1 个小时的男人终于开口问店员了："这本书多少钱？"

"1 美元。"店员回答。

"1 美元？"这人又问，"你能不能少要点？"

"它的价格就是 1 美元。"店员说。

这位顾客又看了一会儿，然后问："富兰克林先生在吗？"

"在。"店员回答，"他在印刷室忙着呢。"

"那好，我要见见他。"这个人坚持一定要见富兰克林。于是，富兰克林就被找了出来。

这个人问："富兰克林先生，这本书你能出的最低价格是多少？"

"1 美元 25 美分。"富兰克林不假思索地回答。

"1 美元 25 美分？你的店员刚才还说 1 美元 1 本呢！"

"这没错，"富兰克林说，"但是，我情愿倒给你 1 美元也不愿意离开我的工作。"

这位顾客惊异了。他心想，算了，结束这场自己引起的谈判吧，他说："好，这样，你说这本书最少要多少钱吧。"

"1 美元 50 美分。"

"怎么又变成 1 美元 50 美分？你刚才不还说 1 美元 25 美分吗？"

"对。"富兰克林冷冷地说，"我现在能出的最好价钱就是 1 美元 50 美分。"

这人默默地把钱放到柜台上，拿起书出去了。这位著名的物理学家和政治家给他上了终生难忘的一课：对于有志者，时间就是金钱。

法国思想家伏尔泰曾出过一个意味深长的谜："世界上哪样东西最长又是最短的，最快又是最慢的，最能分割又是最广大的，最不受

重视又是最值得惋惜的；没有它，什么事情都做不成；它使一切渺小的东西归于消灭，使一切伟大的东西生命不绝。”这是什么？众说纷云，捉摸不透。

有一名叫查第格的智者猜中了。他说：“最长的莫过于时间，因为它永远无穷无尽；最短的也莫过于时间，因为它使许多人的计划都来不及完成；对于在等待的人，时间最慢；对于在作乐的人，时间最快；它可以无穷无尽地扩展，也可以无限地分割；当时谁都不加重视，过后谁都表示惋惜；没有时间，什么事情都做不成；时间可以将一切不值得后世纪念的人和事从人们的心中抠去，时间能让所有不平凡的人和事永垂青史！”

时间不能像财富一样可以积累，可以储存，它是我们衡量生命长度的一个标准。所以，时间是用生命来衡量的，善于运用时间也就是把握生命；时间也是不能倒流的，它对每个人都很公平，但也是无情的，时光的流逝会让我们衰老，如果不珍惜时间，悄悄溜走的时光不仅带走我们的青春，也带走了本该属于自己的机会。

时间就是生命。无端的空耗别人的时间，其实无异于谋财害命。每个人既要爱惜自己的时间和精力，也要爱护他人的时间和精力，这是人类的基本公德，也是对生命的基本尊重。

第十章　让他人愿意帮助你的处世智慧

◆ 从对方的立场来考虑问题

【大师智慧】

记着，别人也许完全错误，但他并不认为如此。因此，不要责备他，只有傻子才会那么做。试着去了解他，只有聪明、容忍、特别助人才会这么做。

汽车大王亨利·福特说到人际关系的微妙之处：“如果有所谓成功的秘诀的话，那就是了解他人的立场，同时顾及双方的立场来看事情的能力。”

有些时候，我们很难用一个简单的对与错来衡量某一事情，如果我们考虑问题的角度不一样，其结果当然不一样。因此，当我们面对某一问题时，如果仅仅从自己的角度去考虑，而不顾他人，往往就会失之偏颇，甚至做错事情，伤害他人。凡事设身处地，换个角度想想，原本疑惑不解的问题可能就变得豁然开朗了。

美国的哲学家、诗人爱默生有一天同他的儿子一起想把一头小牛赶进牛栏。但他们犯了一个错误，他们只想到自己的愿望，爱默生在后面推小牛，他的儿子在前面拽小牛。但小牛也有自己的想法，它把两只前蹄撑在地上，执拗着不照他们父子的愿望行动。小牛又没有穿

鼻绳，它顽固地不肯离开。他们家的爱尔兰籍女佣见到这种情景，不由得笑着来帮助他们，她充分理解小牛的愿望。她刚才在厨房干活，手指头上有盐味儿，于是她像母牛喂奶似的，把有咸味的手伸进小牛的嘴里，让它吸吮着走进了牛栏。

从这个故事中我们不难悟出：动物尚且有自己的愿望，更何况人呢？不了解对方的意愿，光想自己认为怎么样就怎么样，难免会导致社交的失败。

有一个球，一半白，一半黑，看到白的那半边的人，说它是个白球，另一边的人，则说它是个黑球，他们都没有错，错在没有跑到另一边去看。而跑到另一边看，需要有从对方的角度考虑问题的习惯。

住在纽约的山姆·道格拉斯夫妇，四年前刚迁入新居的时候，道格拉斯太太花了太多时间整理草地——拔草、施肥、每星期割两次草——但是，整片草地看起来也只不过和他们搬进去的时候差不多。于是，道格拉斯先生便常劝太太不用那么费力气，道格拉斯太太为此颇感沮丧。而每次道格拉斯先生这么说的时候，当晚家中的宁静气氛便被破坏了。

道格拉斯先生参加了口才训练班课程之后，深觉多年来的做法不对。他从没想过，或许他的太太本就喜欢园艺工作。她需要的是赞赏而不是指责。

随后的一天傍晚，用过晚餐之后，道格拉斯太太又准备到庭院除草，并且问道格拉斯先生愿不愿意陪她一道去。道格拉斯先生本不太感兴趣，但一想到那是太太的嗜好，最好是不要拒绝，便急忙答应愿意帮忙。道格拉斯太太十分高兴，那天傍晚，他们除了用心除草之外，还谈得十分愉快。

自此以后，道格拉斯先生便常常帮太太整理庭院，也常常称赞太太把庭院整理得多么好。结果：他们的家庭生活大为改进。由于道格拉斯先生能站在太太的立场上，虽然只是除草这一类的小事情——但事情最终获得圆满解决，家庭又充满了和谐的气氛。

吉拉德·奈伦保在其著作《与人交往》一书中评论道：“在你同别人谈话的时候，假如能表现出十分重视对方的想法和感受，便可赢得对方的合作。所以，你应该先表明自己的目的或方向，然后倾听对方发言，再由对方的意见决定该如何应答。总之，要敞开心灵接受对方的观点，如此，对方也相对的会比较愿意接受你的看法。”人若能站在对方的立场说话，往往能打动对方的心。

美因著名成功学大师拿破仑·希尔指出，试着去了解别人，从他所处的地位和角度来看事情，就能创造生活奇迹，使你得到友谊，减少摩擦和困难。

请试着忠实地使自己置于他的处境。

如果你对自己说：“如果我是他，处在他的情况下，我会有什么感觉，有什么反应？”那你就会节省不少时间并且免去许多烦恼，因为，若对原因发生兴趣，我们就不太会对结果不喜欢。而且，除此以外，你将可大大增加你在做人处世上的技巧。

◆ 时时处处事事与人为善

【大师智慧】

一个人的生命，只有有助于他人，才能称得上是喜悦与快乐的。我们必须有所“给予”，才能有所获取，我们的生命才能生长。

为善如登山，一步一步地走去便觉神清气爽；为恶如掘井，一铲一铲地挖去，立觉眼迷神昏。前者用力小，后者用力大。结果，登山者易下来，掘井者不易爬出。无怪乎，一位诗人说“把善拿走，整个

地球就变成一座坟墓了”。恶念就好似草根，在土里等待春风一吹，它就会萌芽生长。因此，我们若想除恶行善，应该先要养成善的心苗。

与人为善是一个爱心的表现，也是为自己培植福报的基础，我们只要坚持与人为善，多做好事，必定能享受到快乐和幸福。

从前有一个国王，他有一个为他所钟爱到极点的儿子，这位年轻的王子，没有一件欲望和要求得不到满足。因为他父王的疼爱与权力，使他可以得到一切他所向往的东西，然而他仍常常眉头紧锁，面容戚戚。

有一天，一位大魔法师走进王宫，对国王说，他有方法可以使王子快乐，能把王子的戚容变成笑容。国王听了大为高兴，对魔法师说："如果你能办到这件事，你要求的任何赏赐，我都可以答应你。"魔法师于是将王子领入一间密室中，用一种白色的东西在一张纸上涂了一些字迹。他把那张纸交给王子，让王子走入一间暗室，然后燃起蜡烛，注视着纸上呈现出的东西。交待完，魔法师就离开了。

这位年轻的王子遵命而行，在烛光的映照下，他看见那些白字化成美丽的绿色。而变成的一行字是“每天为别人做一件善事!”王子遵照了魔法师的劝告，很快就成为了国家中最快乐的一个少年。

一个人的生命，只有有助于他人，才能称得上是喜悦与快乐的。我们必须有所“给予”，才能有所获取，我们的生命才能生长。

一位哲学家问他的学生：“人生在世，最需要的是哪一件事?”答案有许多，但有一位学生回答道：“一颗善心!”那位哲学家说：“在这善心两字中，包括了别人所说的一切东西。因为有善心的人，对于自己则能自安自足，能去做一切与己适宜的事。对于他人，他则是一个良好的伴侣和可亲的朋友。”

与人为善，同时你也会得到善；而与人为恶，总是相互指责与猜忌，那么带给人的也只有误解和怀疑。“如果你握紧一双拳头来见我，”威尔逊总统说，“我想，我可以保证，我的拳头会握得比你的更紧。但是如果你来找我说：‘我们坐下，好好商量，看看彼此意见相异的原因是什么。’我们就会发现，彼此的距离并不是那么大，相异的观点并不多，而且看法一致的观点反而居多。你也会发觉，只要我们有彼此沟通的耐心、诚意和愿望，我们就能沟通。”

积善不是清心寡欲，而是一种行为实践。一个人的心可以使一个人成为魔鬼，也可以使一个人成为圣人。人的心可以静若处子，也可以动若脱兔，全在自己的一念之间。与人为善，是顺应这种道德发展规律而在人际交往中产生的必然要求。

◆ 分享是一种明智

【大师智慧】

自私并不能让自己成长，只有分享才能不断地产生新的变化。

在今天这个大家互相依赖的社会里，不论在哪一个领域，个人要想独立达到事业的顶峰，都是不可能的事情。而要得到别人帮助的最好办法，就是先帮助别人。当你试着随时鼓励并协助他人求取事业的成功，那么大部分人在你需要他们时也都会助你一臂之力。不要吝于伸出援手，你才会得到相等的回报。

其实，懂得分享是一种聪明的生存之道。当我们摒弃自私的行为，为别人付出的时候，从某种程度上就是帮助了自己。

“与人分享的快乐是双重的快乐，与人分担的痛苦是减半的痛苦。”懂得分享，能让人真真切切地感受到了自己的价值，在互为往来的同时，还能得到更为真切的收获，从而达到个人进步速度的最大化和收获最大化。

有时候，许多东西不是自己与别人分享了，就会失去它，而是只有当与别人分享的时候，你才会让它增值。这根基于一项非常浅显的说法：人际关系即为人与人之间讯息的沟通。也就是说，讯息的传递并非是单向的，而应该是双向的，藉由彼此之间的相互回馈，更加刺激了讯息传递的机能，那么双方所能获得的讯息也就愈丰富。换言之，如果你过于小气，不愿与人分享你所知悉而且值得公开的情报，那么对方回馈给你的讯息势必也将愈来愈少。

有一个农民因为一次偶然的机会从外地得到一些品质优良的小麦种子，经过他精心种植后，产量大增。

农民喜出望外，但心中不免忧虑，他担心因为自家的丰收使得别家也种上这种小麦。于是，当别人向他询问丰收的情况时，他想方设法保守自己的秘密，不愿意让任何人知道自己丰收的原因。

到了使用这种良种的第三年，他的产量没有增加了，甚至到后来他的小麦产量比别人家的少得多，因为产量减少，病虫增加，他损失严重。邻居也对于他的不幸帮不上忙。不得已，他去城里找到了一位农业专家，把事情的前因后果告诉了专家，专家决定和他回去看看小麦的情况。

原来，良种田周围都是普通的麦田，通过花粉的相互传播，良种发生了变异，品质必然下降。

分享是一种境界，是一种智慧，是与人方便与己方便。懂得分享是一种聪明的生存之道。当我们摒弃自私的行为，为别人付出的时候，从某种程度上就是帮助了自己。因为，在这个崇尚合作的社会里没有一个人能担当全部。一个人价值的体现往往就维系在与别人互助的基础之上。许多时候，与人分享自己的拥有，我们才能找到自己的位置和方向。

石油大王洛克菲勒在经历了财富的聚敛和分散之后，他不无感慨地说："财富如水。如果是一杯水，你可以喝下去；如果是一桶水，你可以搁在家里；但如果是一个池塘或一条河流，就要学会与人分享。”

分享你拥有的知识就如同分享你的快乐，快乐会在别人心里变成相同的很多份，而你自己的快乐本身并不会减少。因而我们在分享别人知识的时候，也不必担心会影响别人的知识或快乐，对拥有知识的人而言，分享他的知识等于给予他快乐，对于需要知识的人而言，既可以自己得到知识，又可以让对方得到快乐，实在是一件“共赢”的好事。

◆ 做一个对别人有用的人

【大师智慧】

如果你想钓到什么样的鱼，你就得用什么样的诱饵。也就是说，你首先要对别人有用，满足他的所需，然后才能实现自己。

亚佛斯德教授在他的《影响人类的行为》一书中说：“行动由我们的基本欲望而发生……对于未来的想说服人的最好的建议，无论在商业、家庭、学校及政治中，第一都是：在他人的心中激起一种急切的需求。如果他能做到这点就可以左右逢源，否则到处碰壁！”

一个人活着如果对别人有益，对社会有益，那么这个人活得才有意义。怎样去做一个对别人有用的人，那就要问问别人需要什么，然后想别人所期望的事情，帮助别人完成人生的困惑，从而体现出自己对别人有用。而且，只有你对别人有用，别人才会对你发挥作用。

有这样一个故事很是耐人寻味：一天，有个人被带去参观天堂和地狱，以便比较之后，能聪明地选择他的归宿。他先去看了魔鬼掌管

的地狱。第一眼看上去令他十分吃惊，因为所有的人都坐在酒桌旁，桌上摆满了各种佳肴。

然而，当他仔细看那些人时，却发现这些人个个都是愁眉不展地坐在椅子边上，而且瘦得皮包骨。他再次好奇地打量着每一个人，才发现在每个人的左臂都捆着一把叉子，在右臂捆着一把刀，刀和叉子都有4尺长的把手，这使得他们不能用它来吃东西。所以即使每一样食物都在他们手边，结果还是吃不到口中，一直在受着饥饿的折磨。

然后他又去了天堂，景象完全一样——同样的食物、刀、叉和那些四尺长的把手。然而，天堂里的居民却都在唱歌、欢笑。

这位参观者一下子觉得困惑了，他怀疑为什么情况相同，结果却如此的不同。最后，他终于知道答案了。在地狱里的每一个人都试图喂自己，可是一刀、一叉，以及那4尺长的把手根本不可能吃到东西。在天堂里的每一个人却都在喂对面的人，而且也被对面的人所喂。因为互相帮助，结果也使自己吃到了可口的食物。

人，作为世界上最大的群居高级动物，都离不开交往沟通。马斯洛的需要理论把人类之间交往的目的揭示出来。人人都有自己的需要，物资的和精神的需要，某个人的需要又是具体的，和别人的需要不同。对于某个人的特定需要，他自己是感受很深，兴趣很浓。当你想影响他的时候，你不妨提出他们的需要，而且要引导他们怎么样去获得。

所以，如果你想取自己所需，首先你就要满足别人所需，这就是：要取之，先予之。要想知道别人所需，这就需要你去了解别人，了解他的观点取向。然后给他所需，同时你再索取自己的所需，这样，合作就达成了。

一个年轻人，他在一家商店服务了4年。然而并未受到店方的赏识，因此他准备寻找其他的工作跳槽。在一个阴雨天气，一位老妇人走进了这家商店里避雨，并且在商店内闲逛起来。大多数的店员对老妇人都是爱理不理的。只有这位年轻人主动地向她打招呼，并很有礼貌地问她是否有需要他服务的地方。这位年轻人陪着老妇人逛了整个商店，对各种商品进行了讲解，并且主动为老妇人提着买来的各种物品。当老妇人离去时，这个年轻人还陪她到街上，替她把伞撑开。这位老妇人对他的服务和帮助极为满意，向他要了张名片，然后径自走了。

后来，这位年轻人完全忘记了这件事，而是开始寻找更好的工作。没想到有一天，他突然被老板叫到办公室，老板给他提供了一份更好的工作，而这份工作正是那位老妇人——一位富商的母亲亲自要求他担任的。

当我们把自己的东西与别人分享时，我们得到的东西就会扩大、增加。就像我们帮助的人越多，我们得到的帮助也就越多。我们每个人都能够给他人提供帮助，帮助别人并不是只有富人才能够去做的。我们每个人都能以我们自己的一部分力量帮助别人。不管我们做什么工作，我们都可以在我们的心中培养一种炽烈的愿望去帮助他人。

要得到多少，你就必须先付出多少。任何东西只有先从你这儿流出去，才会有其他东西流进来。想想看，如果每个人都为他人付出，终其一生帮助他人，世界将会变得多么和谐美好啊！当然，付出必然会有回报的，我们每一个人也都会得到别人的帮助。

◆ 把对方放在第一位

【大师智慧】

人人都希望有自己的成就感，都希望自己是一个受众人重视的不凡人物。当我们意识到这一点时，就会希望自己以完美的形象展示给别人，从而使对方变得积极而又有利于自己。

当我们面对那个真实的自己时，我们会很清楚的知道，我们都有自尊感，希望自己在外貌、学识、地位等方面得到他人的肯定或承认。那么我们也应该在此基础上看到他人的需要，把他人放在第一位，重视他人的感受，满足他人的自尊感。

曾经看到一个笑话：

从前，有一个人请了四位朋友到自己家里吃饭，其实他对待朋友还是很不错的，他忙活了整整一个上午，做了一大桌子的美酒佳肴。到了约定的时间，其中的三位朋友准时赴宴。而这个主人急得在家门口东张西望，一副魂不守舍的样子。其中的一个朋友走上来，劝他不要着急，说不定路上有什么事情给耽误了。

哪知这位主人不假思索地一句话说出：“唉！怎么该来的不来?”那位劝他的朋友一听，心里想，看样我是不该来的。他自言自语地一说完，脸一沉，拂袖而去。

家里的一位朋友见了，急忙出来，又一番好言劝说。哪知这位主人嘴里又嘣出一句：“嗨，不该走的又走了。”原来想劝他的朋友听他这么一说，十分生气，心想：他的意思看来是我是应该走的了。那位朋友也满怀怒意地离去了。

看到此情景，在屋里的那位朋友连忙出来帮着主人留住客人，可惜这个主人又犯了混，他又不经意地说了一句：“不该走的，都走了。”最后留下的那位客人一听，嘀咕道：“原来不是冲他们说的，看样我自己是应该走的了。”说完，任凭主人怎么叫喊，最后一个朋友头也不回地走了。

这个笑话，看似笑话，它却有力地说明了人们那种渴望自己被人看重的心理。

大家都知道，一个人要想让别人尊重自己，自己首先要尊敬别人。让别人感觉到自己处于很重要的位置。当我们尊重别人的时候，别人就会有一种做人的成就感，这使他变得积极主动起来，他会尽自己可能地保持他在你心中的重要形象，就会主动关注你所要求的事情。所以受重视可以使别人产生动力。

我们都乐意和尊重我们的人在一起处事，对于他们交待我们要做的事情，我们总会想方设法地办到。这是因为重要的一点就是做人的成就感驱使着我们，另外就是双方对这种人生价值感受互相认可的肯定。

杜威曾说过：“人们最迫切的愿望，就是希望自己能受到重视。”我们在做人处事的过程中，不妨放低自己的姿态，做一个心理上的配角，让对方感觉受到重视。这样的好处是别人会放松警戒，让他对你有一个好感。

蒸汽机车的发明者斯蒂芬逊，是矿工出身。年轻时，他向美丽而富有的贝蒂小姐写过一封求婚信，信中写道：“我没有钱，出身穷苦，并且我的一个叔叔上吊自杀了……”这封求婚信把自己介绍的十分的窘迫，弦外之音就是：“我配不上你！”有意思的是，心中有爱的贝蒂小姐似乎并不在意他的这些，反而激发了她那颗少女的心，她迫不及待地表白了自己与他“其实有许多共同语言”，信中写道：“我出身也不高贵，钱也不多，虽然没有亲人上吊，可是小猫刚从屋顶上摔下来

……”不久，他们便幸福地结合了。史蒂芬逊的信满足了贝蒂小姐的自尊感，他收获了一份美满幸福的爱情。

满足一个人的自尊感是一个智者的做法，在生活中的我们需要这种自尊，别人同样也需要，当我们看到自己的这种需要时，我们就应该想到别人的这种需求，不要任意践踏别人的这种需要，把自己凌驾在他人之上。这是一种愚蠢的表现，既伤害了别人，也会阻挡了自己的路，而换一种方式与人相处，你也许会有意想不到的收获。

现代的社会中，虽然讲求的是崇尚个性，但如果你的个性有点盛气凌人、咄咄逼人时，别人就会在他的心中加上一道防范的无形围墙。即使你真有过人的能耐，而你挫伤别人让自己有一种感觉自己很重要的成就感，这在心理上，你已经伤了他们。

人之所以比动物高级，是因为人类有一种自我感觉重要的心理特性使然。我们自己需要尊重，别人也不例外。所以，我们需要重视他人的感受，而让自己低调一点，这样所得的结果是我们得到了他人的尊重和肯定，赢得了最好的人际关系。

第十一章　游刃职场的处世智慧

◆ 以身作则，提升人格力量

【大师智慧】

以身作则，给别人树立起榜样，显示出像勇士一样面对待巨人的积极性，是调动别人积极性的前提条件。

领导人约束下属有多种手段，“力服、才服、德服”是三种不同的境界。其中，以力服人只能使人慑服，以才服人可以使人折服，而以德服人则使人心服。“以德服人”，最重要的就是“以身作则，身先士卒”。

拿破仑在长期的军旅生涯中养成了体谅他人的美德。作为全军统帅，批评士兵的事经常发生，但每次他都不是盛气凌人，他能很好地照顾士兵的情绪。士兵往往对他的批评欣然接受，而且充满了对他的热爱与感激之情，这大大增强了军队的战斗力和凝聚力，成为欧洲大陆的一支劲旅。

在征服意大利的一次战斗中，士兵们都很辛苦。拿破仑夜间巡岗查哨，发现一名巡岗士兵倚着大树睡着了。他没有喊醒士兵，而是拿起枪替他站起了岗，大约过了半个小时，哨兵从沉睡中醒来，认出了替他站岗的拿破仑，十分惶恐。

拿破仑却和蔼地对他说："朋友，这是你的枪，你们艰苦作战，又走了那么远的路，你打瞌睡是可以谅解的，但是目前，一时的疏忽就可能断送全军。我正好不困，就替你站了一会儿，下次你一定要小心。"

拿破仑对待睡觉的哨兵没有大声训斥，没有摆出元帅的架子，而是语重心长地批评士兵犯的错误。有这样的元帅，士兵怎能不英勇作战呢？

所谓"仁者不轻断，智者不轻怨。"意思是说仁德的人不轻易与人断交，智慧的不轻易怨恨别人。宽仁不仅能够体现自己豁达、大度，有时还能因为自己的宽仁而获得他人真诚的回报。

当然，不仅是做大事的人需要宽仁，就是我们普通的人，在平常的生活中，也要懂得严于律己，宽以待人，否则，就会成为一个没有人缘，不受欢迎的人。

怎样要求别人，怎样要求自己，也是处理人际关系时需要解决的一个重要问题。人际交往中产生矛盾恩怨，工作中发生缺点错误，总有自己和别人两方面的原因。解决矛盾，克服缺点错误，需要从自己和别人两方面找原因，严格要求自己，主动承担自己应该承担的责任。

曾经有一群男孩在公园里做游戏，在这个游戏中，有人扮演将军，有人扮演上校，也有人扮演普通的士兵。有个"倒霉"的小男孩抽到了士兵的角色，他要接受所有长官的命令，而且要按照命令丝毫不差地完成任务。"现在，我命令你去那个堡垒旁边站岗，没有我的命令不准离开。"扮演上校的亚历山大指着公园里的垃圾房神气地对小男孩说道。"是的，长官。"小男孩快速、清脆地答道。接着，"长官"们离开现场；男孩来到垃圾房旁边，立正，站岗。时间一分一秒地过去了，小男孩的双腿开始发酸，双手开始无力，天色也渐渐暗下来，却还不见"长官"来解除任务。一个路人经过，说公园里已经没有人了，劝小男孩回家，可是倔强的小男孩不肯答应。

“不行，这是我的任务，我不能离开。”小男孩坚定地回答。“好吧。”路人实在是拿这位倔强的小家伙没有办法，他摇了摇头，准备离开，“希望明天早上到公园散步的时候，还能见到你，到时我一定跟你说声‘早上好’。”他开玩笑地说道。听完这句话，小男孩开始觉得事情有一些不对劲：也许小伙伴们真的回家了。于是，他向路人求助道：“其实，我很想知道我的长官现在在哪里，你能不能帮我找到他们，让他们来给我解除任务。”路人答应了。过了一会儿，他带来了一个不太好的消息：公园里没有一个小孩子，更糟糕的是，再过10分钟这里就要关门了。小男孩开始着急了，他很想离开，但是没有得到离开的准许，难道他要在公园里一直呆到天亮吗？正在这时，一位军官走了过来，了解完情况后，他以上校的身份郑重地向小男孩下命令，让他结束任务，离开岗位。军官对小男孩的态度十分赞赏，回到家后，他告诉自己的夫人：“这个孩子长大以后一定是名出色的军人，他对工作岗位的责任意识让我震惊。”军官的话一点没错，后来，小男孩果然成为一名赫赫有名的军队领袖——布莱德雷将军。

每个人都应该把自己看成是一名敬业的艺术家，而不是一个平庸的工匠，应该永远带着热情和信心去工作。因此，在工作中我们应该严格要求自己，能做到最好，就不允许自己只做到差不多的地步；能做到百分之百，就不只完成百分之九十九。

在职场上，作为领导者既要恰当地运用权力因素与非权力因素，树立权威，使组织成员凝聚在自己周围，又要加强学习、提高素质，树立良好形象，加强管理。要注重严于律己、以身作则，以领导魅力带动、影响、促进广大组织成员改进工作，为实现共同目标而努力奋斗。

◆ 志存高远，放低姿态

【大师智慧】

在工作中保持低姿态，把自己看轻些，把别人看重些，把奋斗的目标看高些。

如果你是一枚平淡无奇的鹅卵石，你没有权利抱怨不被注意，因为你没有被注意的价值，但是如果你是一颗珍珠，那么你总有被注意的一天。做人要志存高远，但是你必须有甘当鹅卵石之心，把姿态放低，努力地工作，作出成绩来，成为珍珠才会引起人的注意。

志存高远者，才可能成为杰出人物。但要成为杰出人物，光是心高气盛还远远不够，必须从最低级的事情学习做起。在你还默默无闻不被重视的时候，不妨试着放松自己的心态，降低自己的目标，眼前的困难自然就能迎刃而解，人生也将会有另一番风景。

史蒂芬是哈佛大学机械制造业的高材生。和许多人的命运一样，他在一家公司每年一次的用人测试会上被拒绝申请，其实这时的用人测试会已经是徒有虚名了。史蒂芬并没有死心，他发誓一定要进入这家公司。于是，他采取了一个特殊的策略——假装自己一无所长。

他先找到公司人事部，提出为该公司无偿提供劳动力，请求公司分派给他任何工作，他都不计任何报酬来完成。公司起初觉得这简直不可思议，但考虑到不用花任何费用，也用不着操心，于是便分派他去打扫车间的废铁屑。

一年来，史蒂芬勤勤恳恳地重复着这种简单劳累的工作。为了糊口，下班后他还要去酒吧打工。这样，虽然得到老板及工人们的好感，但是仍然没有一个人提到录用他的问题。

后来，公司的许多订单纷纷被退回，理由均是产品质量问题，为此公司将蒙受巨大的损失。董事会为了挽救颓势，紧急召开会议商议对策。当会议进行一大半仍然没有拿出解决方案，史蒂芬闯入会议室，提出要直接见总经理。

在会上，史蒂芬把对这一问题出现的原因作了令人信服的解释，并且就工程技术上的问题提出了自己的看法，随后拿出了自己对产品的改造设计图。这个设计非常先进，恰到好处地保留了原来机械的优点，同时克服了已出现的弊病。

总经理及董事会的董事见到这个编外清洁工如此精明在行，便询问他的背景以及现状。史蒂芬当即被聘为公司负责生产技术问题的副总经理。

原来，史蒂芬在做清扫工时，利用清扫工到处动的特点，细心察看了整个公司各部门的生产情况，并一一做了详细记录，发现了所存在的技术性问题并想出解决的办法。为此，他花了近一年的时间搞设计，获得了大量的统计数据，为此时的一展雄姿奠定了坚实的基础。

每个人都希望自己能够做到最好，所以，他们通常在一开始就把自己的起点定得很高，总梦想自己有朝一日财源滚滚而来。但大多数人终其一生，却难以梦想成真。毕竟，任何成功都是从小处做起，从小事做起的。所以，只有志存高远，放低姿态，踏踏实实地从小事做起，这样才有机会变成耀眼的珍珠。

保持低姿态，可以从下面几个方面做起：

1. 放下孤傲

以低姿态出现只是一种表面现象，是为了让对方从心理上感到一种满足，使对方愿意与你合作。实际上，能放下孤傲的人，是非常聪明的人，当表现出低姿态，让对方陶醉在自我感觉良好的氛围中时，就可以轻易获得对方的好感，取得社交的成功。

2. 敛尽锋芒，放下身价

如果不敛尽锋芒，会让对方觉得你居高临下，不愿意与你共事。很多人都希望得到对方的肯定，都愿意比人高一些，若满足了他人的这一点心理需要，就会有更多的机会。

3. 做弱者才能成为最后的强者

有的人看上去很平凡，甚至还给人一种不中用的弱者感觉，但这样的人往往能成大事。有时候，越是这样的人，越是在心中隐藏着远大的理想，而这种外表的无能，正是其心高气傲，富有忍耐力和成大事讲策略的表现。

4. 把优越感让给他人

把优越感让给他人，这样往往能赢得他人的信赖，与他人建立良好的关系。假如我们有一点小小的成就，我们应该以轻描淡写的态度来对待它，唯有如此，我们才能永远受到他人的拥戴。

◆ 沟通是良好合作的基础

【大师智慧】

一个人必然是社会的人，他将和这个社会的每个角落发生一定的关系。面对一个成功的人来说，这一点显得尤为重要。建立与公众的联系，无异于为自己的成功开辟了更多的道路，并且由于这些联系而带来的帮助会使你在成功的路途上一帆风顺。

沟通就是让他人懂得自己的本意，自己明白他人的意思。只有达成了共识才可以认为是有效的沟通。团队中，团队成员越多样化，就越会有差异，也就越需要队员进行有效的沟通。沟通是一种艺术，它透过人的眼睛和耳朵的接触，把我们自己投射在别人的心中。

但是，很多时候，我们会忽略这一点。因为我们中的大多数人平日工作在一个相对比较和谐、彼此合作默契的环境中，对于与他人沟通的待人艺术，考虑得较少。这也是正常的，因为一般的人都不愿在这件事情上伤神劳心。但是正是由于这个缘故，当人们走出了自己熟悉的工作和生活圈子，到外面的世界去创业的时候，就很容易碰壁，经常陷入被动之中，甚至有时会产生寸步难行的感觉。

几年前，有一家世界知名的公司要招聘四名部门主管，世界各地的优秀人才蜂拥而至，通过几轮全面而细致的考试，终于有 16 个人凭借渊博的学识和出色的能力闯过重重难关，进入了最后的面试阶段，这一轮的面试由该公司的总裁亲自主持。

总裁让助理把考试过程中需要的资料分别发到每位面试者手中，然后他郑重地告诉每一位面试者："祝贺你们来到这里，我也很高兴见到你们，能够来到这里就足以说明你们都是某个领域、某一专业的优秀人才。我希望你们都能够留下来，但可惜的是，你们当中只有 4 个人能够留下来，因为现在只有 4 个空缺职位，因此今天我们不得不淘汰其中的 12 位。如果你们当中有人能在今天突围出去，那么他（她）明天就会成为我的同事。"

总裁看了看面前跃跃欲试的 16 位人才，接着说道："我不再浪费大家的宝贵时间了，现在我宣布这次考试的题目——请大家拿好各自手中的材料，这次考试就是要每个人根据现有的材料完成一份策划案，当然你们可以运用所有能用到的方法。另外，你们要分成 4 组，每组 4 人，具体是谁和谁一组，你们自由组合，下面大家开始选择自己的合作伙伴。"

两分钟后，这 16 位面试者已经自由组合成了 4 个小组。总裁又说："从左往右排，这 4 个小组分别称为 A 组、B 组、C 组、D 组。现在，大家可以开始着手自己的策划案了。30 分钟以后我再来。"说完，

总裁离开了房间。

30 分钟以后，总裁助理按照划分的小组分别把每个人的策划案送到了总裁手里，总裁仔细看了大家的策划案，然后大声宣布：“D 组的四位成员正是我们需要的人才。”

“为什么是他们而不是我们？请问您选择他们的理由是什么？”总裁的话音刚落，其他 12 位面试者就提出了疑问。

这时总裁说：“这正是我接下来要说的话，因为你们每个人手里的材料都是不全面的，而且每个人的材料都不一样，只有 D 组的四位成员互相研究了别人的材料，所以他们每个人做出的策划案都比较全面。更可贵的是，他们还结合所有成员的意见，取长补短，制作了一份非常完美的小组策划案。而其他三组的成员都只顾自己手中的任务，既不向其他成员借阅材料，也不把自己手中的材料借给别人，所以做出的策划案都十分片面。”

接着，总裁又说：“我们公司需要的是具有协作精神的优秀人才，因此，尽管其他人也很优秀，甚至在某些方面比 D 组的四名成员还要优秀，但是公司的发展仅靠某一个人的优秀是远远不够的。”

沟通问题的出现会直接影响到团队整体协作的产出，从长远的角度来说，也正是个人利益的损失。合作是团队正常运作的必要手段，而沟通则是良好合作的基础，只有有效沟通才能促成团队紧密的合作。

没有沟通就没有合作，没有合作就没有胜利。沟通是合作的开始，优秀的团队一定是一个沟通良好、协调一致的团队。一个人的力量是很有限的，个人的力量很难突破时空、环境的障碍。但是，一旦个人加入了群体，再由群体发挥出团队的力量，客观的环境障碍就再也不是什么问题了。需要注意的是，团队的建设中，首要的要求就是团队成员间的默契，但是这种默契不是自然存在的，而是通过“沟通”这种方式来实现的。

英国作家萧伯纳说过：“两个人各自拿着一个苹果，互相交换，

每人仍然只有一个苹果；两个人各自拥有一个思想，互相交换，每个人就拥有两个思想。”一个人可以凭着自己的能力取得一定成就，但是若能把个人的能力与别人的能力结合起来，就会把工作做得更完美。

在荷兰，有一句这样的格言：“靠一根手指，连一个小石子也拾不起来。”实际上，很多工作落实的成功都是某种合作形式下的产物。

◆ 灵活变通，巧对领导刁难

【大师智慧】

如果你做的任何事情都不起作用，你就得灵活变通——你必须改变你的行动计划，如果现行计划达不到预期目标，你就要改变他人；如果你想改变他人，你必须先改变你自己。

职场员工对上司要绝对的服从，但是也要学会有智慧的服从。面对上司合理的要求，你不应该拒绝，也不应该孤高自傲，毕竟上司的工作经验要比你多，你没有理由去拒绝他。但是很多时候，上司会自以为是的觉得自己是在为下属考虑，而忽略了下属的要求和想法，这个时候，你就要向上司说明白了。你可以委婉地说出自己的想法和感受，让他们明白事情的缘由，让他们不再自以为是的觉得他们这样的做法是在帮助下属。

另外一种情况最为普遍，那就是上司给下属安排了许多额外的工作，甚至超出了下属的工作范围。这种情况下，员工就要学会拒绝了。

很多员工没有勇气拒绝上司的要求，觉得人在屋檐下不得不低头，其实绝非如此。正如上面所说的一样，因为不会拒绝而为难了自己这也是很不公平的一件事。所以，拒绝上司，既需要员工具备勇气，

更需要一定的策略。

“罗斯，这个方案你来盯一下”、“罗斯，这个客户恐怕只有你能应付了”、“罗斯，巴黎那个项目的人手不够用了，你去顶一下”……每当上司为公司的某些事情抓狂的时候，一定会跑来找罗斯解决。虽然这是上司对自己赏识有加，但是罗斯却觉得自己真是委屈的很，虽然活没少做，但是工资没涨，职位不提升，相比其他同事来说自己的工作量何止是多出了一倍。而且多做多错，出现问题上司要麻烦的还是你。

罗斯手头的工作多到加班加点也完不成的地步，可是周围的同事却闲的两眼发呆，薪水却拿的不比她少。罗斯一直这么安慰自己，再忍一忍吧：升职加薪的日子马上就会来临了。但是机会却一次次走到眼前拐了弯。罗斯从人事部的一位同事那里得知，关于她升职的事情，上司们在会议上讨论过很多次，每次都被老总挡住了，说什么罗斯的业务能力虽然不错，但是管理能力还不够，需要再多点锻炼。“我觉得他是有心为难你的。你想想，要是你升职了，他上哪儿找你这样任劳任怨的万能胶?”这位同事好心提醒罗斯。

罗斯非常愤怒，但是她却不知道如何处理。回到家后，她向自己的丈夫抱怨。没想到，丈夫却说：“要是我是老板也不会升你的职的。一个只会服从不会拒绝的人怎么去管理别人?”罗斯觉得似乎有几分道理。虽然对上司要服从，但是却不可以盲从，自己有意见一定要适时的提出来，如果不表达出你的意思，上司怎么会知道你的委屈呢?服从是一定的，但是因此委屈了自己，吃亏的也只能是自己。所以罗斯决定改变一下自己。

老总再次给她增加工作量时，罗斯没有直接否定老总的意思，而是委婉地提醒老总：“我现在手头里有三个大项目，十个小项目。我担心时间安排不过来。”老总的脸立刻变了，好像非常失望：“可是，这个项目只有你去做我才放心。”

“那好吧，我赶一赶。”已经习惯服从老板的罗斯还是同意的老板的请求，但是她接下来说道：“但是要是保质保量的按期完成任务，我需要几个帮手。”罗斯说的轻描淡写。老总却很惊讶地看着她，终于笑着说：“那我考虑一下。”

罗斯知道给自己委派助手就相当于升职了，老总是不会轻易答应的。如果他不答应这个条件，也就不会再把这个沉重的负担塞给自己。

罗斯既表达出了自己服从上司的意思，又维护了自身的权益，给上司留下了非常好的印象。自此以后，罗斯的老板也没有再提新任务的事情，反而经常关心起罗斯来，并开始叮嘱罗斯有困难就提出来，不要累坏了身体。可见，职场中任何问题的困扰都来源于沟通的不善，只要学会用巧妙的方式与上司沟通，你就能在职场中如鱼得水。

身在职场就应该把服从放在第一位，对待上司要绝对的忠诚，而服从则是忠诚的表现形式。千万不要贬低上司的人格和能力，即使对老板的决定不满意时，你也要坚持这样，老板会心知肚明的，他知道你在情绪上掩藏着极大的不满，但理智地执行了他的决定，他的权威性和在你心中的地位都因为你的委曲求全而表现出来。因此，上司会很欣赏你的气度和胸怀。但是面对老板的过分要求和决策，你也不能一味的盲从。

服从虽然是第一位的，但是也要学会灵活变通。面对老板不理性的做法，一味的盲从就只能是委屈了自己，也违背了自己的职场原则。

◆ 多分努力，多分机会

【大师智慧】

没有人能只依靠天分成功，只有通过自己的努力才能走向人生的巅峰。如果你永远保持勤奋的工作态度，你就会得到他人的称许和赞扬，就会赢得老板的器重，同时也会获得更多升迁和奖励的机会。

在我们前进的道路上，只有多努力一点，多付出一点，才会为自己创造成功的资本，才能在竞争中脱颖而出，争取到更多的机会。

有两个同龄的年轻人同时受雇于一家超级市场，开始时拿同样的薪水。后来叫阿诺德的小伙子获得升迁，薪水自然提高了不少，而那个叫布鲁诺的小伙子却仍在原地踏步。布鲁诺很不满意总经理的不公正待遇。

终于有一天，他到总经理那儿发牢骚了。总经理一边耐心地听着他的抱怨，一边在心里盘算着怎样向他解释清楚他和阿诺德之间的差距。

“布鲁诺先生，”总经理开口说话了，“你今早到集市上去一下，看看今天早上有什么卖的。”

布鲁诺从集市上回来向总经理汇报说，今早集市上只有一个农民拉了一车土豆在卖。

“有多少？”总经理问。

布鲁诺赶快戴上帽子又跑到集上，然后回来告诉总经理一共有40口袋土豆。

“价格是多少？”

布鲁诺又第三次跑到集上问来了价钱。

“好吧，”总经理对他说，“现在你坐到这把椅子上休息吧，我们等一下阿诺德。”

阿诺德很快就从集市上回来了，并汇报说到现在为止只有一个农民在卖土豆，一共40口袋，价格是多少多少。土豆质量很不错，他带回来一个让总经理看看。这个农民一个钟头以后还会运来几箱西红柿，据他看价格非常公道。昨天他们超市里的西红柿卖得很快，库存已经不多了。他想这么便宜的西红柿总经理肯定要进一些的，所以他不仅带回了一个西红柿做样品，而且把那个农民也带来了，他现在正在外面等回话呢。

此时总经理转向了布鲁诺，说：“现在你肯定知道为什么阿诺德的薪水比你高了吧?”

布鲁诺的脸红了。

阿诺德之所以会取得好的业绩，获得成功，是因为他做事努力，头脑灵活，尽量追求精确与完美。事实往往证明：谁比别人多一些努力，谁就会拥有更多成功的机会。

还有一个类似的故事：

罗宾和戴维同在一家公司工作，可是他们的差距却非常大，罗宾已经从一个普通的小职员升为科长，而戴维在原来的岗位上依然业绩平平，甚至在走下坡路，这是什么原因呢?

他们两个人当年同时到这家公司应聘做业务员，工作之初，他们都体会到了推销的艰难，曾经都一度打过退堂鼓，没有了信心，可是又一想，如果不做这份工作，暂时也没有什么其他的出路，于是咬着牙坚持了下来。

罗宾想，既然做了这一行，就要好好做，否则就失去了做这份工作的意义。于是，他十分努力，起早贪黑，只要有一线希望的地方，他都要努力去尝试。有时，即使自己费尽口舌，产品也一件推销不出

去。每当他抱着疲惫的双腿走回家的时候，在路上看见那些蹬三轮车的人那么辛苦地蹬车的样子，他就想，如果自己不努力，将来有一天自己连蹬三轮车的人都不如，他想，只要自己多努力一些，早晚有一天能干出点成绩来的。

于是，罗宾给自己做了一套完整的推销计划书，每天不管有多累，都要绞尽脑汁想第二天要去拜访的客户的名单。他想，首先要从亲朋好友那里打开突破口，然后逐渐再找陌生的客户，这样做会容易一些。

计划书做好了，每天他都按照这个计划书去执行，果然有了很大的起色。慢慢地，他的推销经验越来越丰富了，因为建立了长期的稳定客户，他的业绩十分平稳，而且稳中有升。不久，他的业绩列为公司的榜首，荣登推销状元的宝座。领导非常赏识他，把他提拔为推销科长。由于不断努力，如今他的事业蒸蒸日上，终于踏上了成功之路。

而戴维在工作上却十分消极，他只是为了工作而工作，毫无热情可言，只要能推销出去一点东西，能够维持自己的生活他就知足了，他不想那么努力，那么拼命。

他常说："我可吃不了那个苦，多累呀！我可不愿意糟蹋我的生命。"正是由于他的这种懒惰思想，在工作上他从不努力。他也羡慕人家升官发财，可是自己又做了多少呢？只有他自己心里知道，所以只能甘心落在人家的后面，毫无怨言。

不同的人，有着不同的命运。差异在哪里呢？在自己手上，在于自己是否多努力一点。

◆ 定位角色，展现服从的魅力

【大师智慧】

服从上司安排的任务，这是一个优秀员工需要具备的素质，也可以说是一种美德。服从能充分地调动起一个人的积极性，这是高效执行力的一个标志。

服从，在西点人的观念中是一种美德。在西点军校，即使是立场最自由的旁观者，都相信一个观念，那就是“不管叫你做什么都照做不误”，这样的观念就是服从。服从不是抹煞员工的个性，也不是“残酷的泰勒制”，而是一个企业确保公司决策顺利执行的关键。

在下属和上司的关系中，服从是第一位的，是天经地义的。下属服从上司，是上下级开展工作，保持正常工作关系的前提，是融洽相处的一种默契，也是上司观察和评价自己下属的一个尺度。因此，下属要得到上司的提拔重用，必须以服从上司命令为天职，这是一条最重要的规则。

服从也要有技巧。在企业或公司里，同样都是服从老板、尊重老板，但每个人在老板心目中的位置却大不相同，为什么？这一问题的关键是是否掌握了服从的艺术。有的员工肯动脑筋，对老板布置的任务在完成的过程中勤汇报、勤请示，这样主动出击，经常能让老板满意地感受到他的命令已被不折不扣地执行，并且收获很大。相反，有的人却仅仅把老板的安排当成应付公事，被动应付，或者认为我只要认真完成任务就可以了，不重视信息的反馈，甚至“先斩后奏”或“斩而不奏”，甘当无名英雄，结果往往是事倍功半。

在现实生活中，纪律观念淡薄，服从意识差的人却比比皆是。他们是领导最感头疼的职员。这些人，有的身无所长，进取心不强，对领导的命令满不在乎；有的自以为怀才不遇，恃才傲上，目无领导。他们昂着自己高贵的头，什么事都可存储大脑，唯有领导的命令例外。这些都很不利于一个想有作为的下属的发展与进步，是应坚决予以戒除的。

一天刚上班，部门主管问唐纳德："唐纳德，那份总结材料写好了吗?"

唐纳德三分惊讶七分不满地问："什么材料？啥事都让我干。"

当着其他下属的面，主管很丢面子，气呼呼地训道："你怎么总把我说过的话当耳旁风？马上把材料送到我办公室来!"

"谁爱送谁送去，我做不了。"唐纳德也没好气地顶撞道。

"做不了你可以辞职!"主管更是火上浇油。

"天下之大，还愁没栖身之处吗?"唐纳德两手一甩，转身离去。主管气得脸色发白，跺脚不已。

如果当时唐纳德向主管道歉，寻找原因给他一个台阶下，待事情缓和，然后采取补救措施，迅速把材料写好交上去，那么就会万事大吉的。这样，即使上司的火气再盛也会阴转晴，再赔几句不是，也就什么事都没了。而唐纳德却生硬顶撞，后果当然不堪设想。

所以，当员工面对不愿意或不满意的情况时，要理智地服从上司的命令。暂时的忍耐，铸就了来日更灿烂的辉煌。否则，顶撞只会使自己与上司的关系在某个特定阶段陷入紧张状态，进入不愉快的氛围之中。日后想缓和、改善这种僵局，那你所付出的代价，可能比你当时忍辱负重所付出的代价大得多。

在任何一个部门，上司就是上司，他就是发号施令的，是一出戏中的主角，而下属就是听命于上司的，是一台戏中的配角。作为配角，一定要明确自己在一台戏中的位置，时刻记住自己是配角，不要站错位置。配角就是配合主角突出主角，不喧宾夺主。同样，下属与上司相处，下属就应当把自己置于助手的位置，主动配合上司工作，受命于上司，听命于上司，而绝不可忤逆上司，违抗上司。

善于服从的员工把服从看成是一种美德，也是向老板显示忠诚，和老板保持和谐关系的基础。服从会让一个员工更得老板之心，会让员工在事业上有更大的发展。

服从是行动的第一步，工作丢弃了服从，就会让下级搞不清楚自己的角色，不知道谁是上级。只有服从才能让整个团队发挥出超强的执行能力，使企业得到合理发展。没有服从，即使上司有再好的决策也无法执行下去，整个团队也就失去了任何核心价值。

西点军校塑造了许多企业管理精英，像沃尔玛、可口可乐、通用电气的创始人或 CEO，都是出自西点军校。不要怀疑一个陆军军官学校怎么会培养出那么多的企业家，这不是偶然，而是依靠着一个重要的法宝。

西点军校视服从为美德，认为它是“领导之母”。西点军校规定，军人必须以服从为天职，否则就无法在军队立足，更没有资格担任中高级领导职务。

毕业于西点军校的沃尔玛创始人沃尔顿说过：“我们要的不是和上司作对的员工，而是服从上司决策、第一时间完成任务的员工。没有服从就没有执行，团队运作的前提条件就是服从。”

服从是员工的天职，是员工职业精神的精髓。一个人只有在学习服从的过程中才会实现团队的利益和自我价值。如果员工做不到服从，那么团队协作的时候就很难达成共同的目标；反之，有了服从，团队就会有凝聚力，每个人也都能发挥出超强的执行能力。

服从是优秀员工的首要任务。只有定位好自己服从的角色，才能在现代的职场竞争中处于不败之地，也才能使你成为公司不可或缺的员工。

◆ 量力而行，切勿擅作主张

【大师智慧】

以自我为中心的人，往往得不到别人的赞美，相反它会引起他人的不快和忌恨，让别人拒之于千里之外。

如果你的上司愿意听听你的意见，那么你可以大胆说出你的想法和看法。但是千万记住，即便你的意见是对的，也不要强迫他采纳，更不能自作主张，替他做主。那样，就显得你比他聪明，会让他很没面子，他当然也不会给你好果子吃。

罗马执政官马西努斯围攻希腊城镇帕伽米斯的时候，由于城高墙厚，士兵们死伤惨重却仍然未能攻占这座城。最后，马西努斯发现城门是最薄弱的环节，于是打算集中兵力猛攻城门。但要攻打城门就必须用到撞墙槌，当时军中并没有这种器械。马西努斯想起几天前他曾在雅典船坞里看过两支沉甸甸的船桅，就马上下令把其中较长的一支立刻送来。

然而，传令兵去了多时，桅杆仍未送达。原来，是军械师与传令兵发生了争执：军械师认为短的那根桅杆才能真正发挥作用，不但攻城效果比长的那根要好，而且运送起来也方便，他甚至花了不少时间画了一幅又一副图来证明自己的专业，而传令兵则坚持执行命令，既然上司要长的桅杆，他的任务就是让人把长桅杆送到统帅面前。

面对军械师喋喋不休的说辞，传令兵不得不警告他，他们的统帅是不容争辩的。他们都了解领袖的脾气，军械师终于被说服了，他选择了服从命令。在士兵离开以后，军械师越想越觉得自己的想法是正确的，他觉得服从一道将导致失败的命令是毫无意义的，于是，他竟然违抗命令送去了较短的船桅。他甚至幻想着这根桅杆在战场上发挥功效，使统帅不得不赏赐他许多战利品以赞扬他的高明。

马西努斯见送来的是那根短的桅杆很生气，马上召来传令兵，要他对情况作出合理的解释。传令兵忙向他汇报说军械师如何费时费力地与他争辩，后来还承诺要送来较长的桅杆。马西努斯对这名军械师的自以为是深感震怒，于是，他下令马上把这名军械师带到他面前来。

又过了几天，军械师才到达。他并没有察觉到领袖的震怒，反而为能够亲自向领袖阐述自己的正确理论而洋洋得意。他仍然以专家自居，滔滔不绝地说了许多专业术语，并表示在这些事务上专家的意见才是明智的。马西努斯见军械师仍然不改其说大话的毛病，十分生气，立刻叫人剥光他的衣服，用棍子活活将他打死。

现实生活中，像军械师这样自以为是的人随处可见，即便在上司面前也不懂得收敛，虽然我们不能否认他们的聪明才智，但是这却犯了领导的大忌，他们或许能接受你的意见，而绝对不容许你替他做决定，你的自以为是，会让他觉得你是自作聪明，对他不够尊重。所以，记住：献策，而非决策。

在现代职场，我们千万不能走进一个误区，即便是你深得上司的赏识和重用，也不能因此狂妄自大，认为自己可以擅自作一些决定。你要永远把上司放在第一位，任何一个关键性的决定都要经得上司的同意，哪怕你只是走一下“形式”，也很重要。问题的关键不在你做的决定上，而在于你是不是尊重你的上司，有没有忽略他的存在。

黛娜年轻干练、活泼开朗，进入企业不到两年，就成为主力干将，是部门里最有希望晋升的员工。一天，公司经理把她叫了过去：“黛娜，你进入公司时间不算长，但看起来经验丰富，能力又强。公司开展了一个新项目，就交给你负责吧！”

受到公司重用，黛娜欢欣鼓舞。恰好这天她要去洛杉矶某谈判，

考虑到一行好几个人，坐公交车不方便，人也受累，会影响谈判效果，如果打车的话，即便一辆坐不下，两辆的费用也不算高。她思来想去觉得还是包一辆车好，经济又实惠。

主意定了，黛娜却没有直接去办理，几年的职场生涯让她懂得，遇事向上级汇报是绝对有必要的。于是，她来到经理办公室。“老板，您看，我今天要出去，这是我做的工作计划。”黛娜把几种方案的利弊分析了一番，接着说：“我决定包一辆车去！”汇报完毕，黛娜满心欢喜地等着赞赏。

但是她却看到经理板着脸生硬地说：“是吗？可是我认为这个方案不太好，你们还是买票做长途车去吧！”黛娜愣住了，她万万没想到，一个如此合情合理的建议竟然被驳回了。她大惑不解：没有道理呀，傻瓜都能看得到我的方案是最佳的啊。

其实，问题就出在“我决定包一辆车”这句自作主张的话上。黛娜凡事多向上级汇报的意识是很可贵的，但她错就错在措辞不当。在上级面前，说“我决定如何如何”是最忌讳的。如果黛娜能这样说：“经理，现在我们有三个选择，各有利弊。我个人认为包车比较可行，但我做不了主，您经验丰富，您帮我做个决定行吗？”上司若听了这样的话，绝对会做个顺水人情，答应你的请求，这样才会两全其美。

作为谦虚、聪明的下属，你要把你的决定以最佳的方式渗透给上司，从主动的提议变成被动的接受；忌急躁粗暴，多倾听和征询上司的意见和建议，少做一些不容辩驳的决定和争论，即使你可能是对的。

即使对待能力不强的上司，同样要保持尊重，不擅自行动和做决定。要知道他才是公司的最高决策者，你充其量只有提提建议的权利，你替他做决定，就等于无视他的存在，如此，他怎么能容忍？因此，凡事要量力而行，不要擅作主张。

◆ 正视权威，不可冒犯

【大师智慧】

工作中，我们不能脱离出规章而一意孤行，没有约束其实就是最大的约束，任何时候，我都应该这样提醒自己，对于那些能促进自己进步的规章制度我一定要让自己行动起来，维护这些规章的权威，让自己在约束下不断发展。

每个企业都有规章制度，对于这些制度，任何人触犯都要受到惩处，故此，上司的权威是不可侵犯的，它是一个“雷区”。冒犯了他的权威就是对他尊严的挑战，这是一个很危险的行为，无异于给自己埋下了定时炸弹。所以，永远不要挑战上司的权威。

以下几点一定要谨记：

1. 切忌站在上司的位置指手划脚

且不说这指手划脚是不是对上司实际上有没有好处，但它的确侵犯到了上司的尊严，你的好意会被他误解为你无视他的权威，甚至瞧不起他。这在两个普通人之间尚不能容人，更何况是领导？

在企业里，有些员工忽视了上司与员工之间的界限，站在上司的位置上指手划脚，虽然感觉不错，却引起了上司的不满，甚至会因此葬送了自己在公司的前途。

2. 千万不要擅自替上司拿主意

有些时候，员工是无意识地站在上司的位置上，所做的也只不过

是上司肯定同意的事情，所以当时并没有意识到什么错，甚至以为：既然上司也会这么做，我替上司做了，又有什么不可？可是，他没有想到，上司在意的不是你做事的结果，而是你替代了他的位置。你把原本属于他的人情拿去卖了，他自然会不高兴。虽然你所做的决定只涉及一些小事，但擅自替上司做主，就成了大事。你无视上司的权威，剥夺了上司拍板的权利，这是上司最忌讳的，他以后很可能会找机会煞你的“威风”。

琳达是一家时装杂志社的编辑。一天，她接到一个电话，是刚出版那期杂志的封面模特要找主编，但当时主编正巧不在，琳达告知模特有什么事她可向主编转达。模特说，主编送给她的5本杂志都被别人拿走了，她想再找主编要5本。琳达立即说：“行啊，你过来拿吧。”这种事经常在编辑部里发生，虽然超出了规定，但是为了密切和模特的关系，主编一般都会满足模特的要求，所以琳达很爽快地让模特过来拿。模特拿走了杂志后，琳达没有向主编汇报，她认为这件小事没必要让主编知道。后来主编还是知道了这件事。不久，主编以工作需要为由，让琳达去做发行部，可她对发行一窍不通，也没有一点热情，只好主动辞职。

这就是冒犯了上司的权威所酿下的苦果，你可以说上司太小气，可事实就是如此。职场上，人情不占主要比例，重要的是游戏规则，你违反了规则，就会被它抛弃。

3. 员工与老板之间的界限不可逾越

有的员工在老板创业初期就跟老板一起经历风雨，为公司的发展立下了汗马功劳，也同老板建立了深厚的友谊，在公司里有一定的特殊地位；有的员工长期在老板身边工作，深得老板信任。这样的员工容易产生错觉，以为深受重用就消除了与老板之间的界限，有时候便会不自觉地站在老板的位置，替老板做起主来。虽然你的出发点是好的，是为了维护公司的利益，但即使你做对了，老板心里也不会舒服，更难以接受这样的事情，因为做决定的应该是他，而你只是他的一个执行者而已，这在他看来是一个原则性问题。

哈雷在公司做秘书已经6年，兢兢业业，深得老板的赏识。这天，老板一走进办公室，就着急地对哈雷说：“上周我让你给宏达公司发的传真，和他们中止合作并将人家奚落了一顿。现在看来，我做错了。你快告诉我电话，我要亲自向人家道歉。”

哈雷得意地说：“那个传真我没发。”老板一愣，哈雷解释说：“我认为那份传真欠妥，所以就没发。”老板又问：“上周我让你发给欧洲的那几封信，你发了没有。”哈雷说：“我都发了。我知道什么该发，什么不该发。”

老板一时无语，闷坐了一会儿，气冲冲地走出了办公室。不一会儿，哈雷就接到了人力资源部的电话，他被解雇了。哈雷找到老板问：“难道我做错了吗？”老板说：“办公室里有一个老板就足够了！”哈雷无奈，只好离开了公司。

在工作中，无论是与老板的关系多么亲密，你也不要逾越与老板之间的界限，该老板决策的事情，就一定要老板拍板，而你所做的只是给他提建议和执行命令。即使老板不在身边，事情又微不足道，你能够处理，而且知道老板也会像你一样处理，也不要轻举妄动。你所要做的就是及时向老板请示，得到老板的授权后再处理，这样，你在老板面前的形象才会变得更加正面。

当你发现老板让你执行的决策有不合理的地方时，也不要贸然指出来，更不要擅自改变老板的决定，你应该婉转地向老板说明情况，巧妙地向他做出提醒，并告诉他这样做的后果。如果可以，再加上点自己的合理化建议让老板定夺就更好了。如果老板意识到自己错了，就会授权按照你的方案办；如果老板不听，非要你执行，你只管执行就好。等老板发现自己错了，他也不会找你麻烦，反而会暗地里赏识你的态度，以后会授权你做一些重要的事情，而你的价值就会慢慢地

体现出来。

冒犯上司的权威是职场大忌，下属应该时刻牢记这一点。在我们执行任务、向上司提意见时不要自以为是，更不可独断专行，应该让上司拿意见，而自己只负责提醒和执行命令。

第十二章　家庭和谐的处世智慧

◆ 避免争论，共同创造快乐的氛围

【大师智慧】

承认自己也可能会弄错，就能避免争论，而且，可以使对方跟你一样宽宏大度，承认他也可能有错。

一位心理学家指出，爱情关系中最困难的挑战是彼此的不同与意见不合。常常，当夫妻对他们讨论的事意见不合时就会演变成争论，而不知不觉间变成战斗，这时候他们忽然停止以相互友爱的方式说话，开始彼此伤害：责骂、抱怨、指责、要挟、愤恨、猜疑。

争论往往是夫妻关系中最具破坏性的因素。男女这样争论，不仅伤害彼此的感觉，也伤害彼此的关系。因此，搞好夫妻关系的基本方针就是放弃不必要的争论。

歌剧男高音真·皮尔士的婚姻差不多有50年之久了。

一次他说：“我太太和我在很久以前就订下了协议，不论我们对对方如何地愤怒不满，我们都一直遵守着这项协议：当一个人大吼的时候，另一个人就应该静听——因为当两个人都大吼的时候，就没有沟通可言了，有的只是噪音和震动。”

不论对方聪明才智如何，你也不可能靠辩论改变任何人的想法。

从争论中获胜的唯一秘诀是避免争论。

然而，有些夫妻无时不在吵架，他们的爱逐渐死去；有些夫妻为了避免冲突和争论，极力压抑自己的真正感觉，结果失去与爱接触的机会。前一种情况是热战，后一种情况是冷战。夫妻最好能够在这两个极端间找到平衡点，尽量采用良好的沟通技巧，避免争执，也不必压抑消极感觉和冲突的意见与欲望。

如果不了解男女的不同，便很容易引起争端，这不但伤害对方，也伤害自己。避免争端的秘密是以爱和尊重为前提，加强彼此的沟通。

无可避免，夫妻有时一定会意见不合。男女的不同及意见不合并不会伤人。理性上，争论不一定是有害的，它可以是传达不同意见的对话。但实际上，大多数夫妻在争论一件事后，不到五分钟，又会以同样的方式为另一件事争论。他们在不知不觉间伤害彼此，一个原本无伤的争论渐渐升级为战斗，那个时候他们拒绝接受或了解彼此的意见。

我们与人越亲密，就越难客观地倾听他们的意见。为了保证自己免于不受尊重与肯定，我们会自动防御以抗拒他们的意见，就算同意他们的意见，我们也可能会固执地和他们争论。

伤害不是因为我们说了什么所造成，而是因为我们是怎么说的。男人受到挑战时，他的注意力会集中在对与错上，而忘了表现爱，此时他体贴、尊重的沟通能力和安慰的口气自然会减退，他不知道自己的声音是多么不体贴又多么伤害对方。此时，一个单纯的意见不合可能听起来都像在攻击女人，建议也变成了命令。女人在此情况下自然会反抗这种没有爱心的方法。

男人因不体贴的说话方式伤了女人，却又告诉女人为何她不该难过。他误以为她是反对他的意见，而不知道是自己缺乏爱心的说话方式使她难过，他因不了解她的反应，而更加解释他所说的正确性，却不知改正他的说话方式。

她不知道是他在揭开争论的序幕，他以为她在和他争执。女人在保护自己的意见，男人也同时在保护自己的意见。

男人如果没有尊敬女人受伤害的感觉，就等于是更增加她的伤害，但他却难以了解她的伤害，因为他对自己不关心的言语声调并不敏感，因此，男人可能不知道他对女人的伤害有多深，也不知道是自己激起了她的反抗。

同样的，女人也不知道她们对男人造成了多大的伤害。女人一旦感受到挑战，她讲话的声调马上就变成了不信任和拒绝。拒绝会使男人受伤，尤其是当他遇到生活中有其他压力时。

女人因说出对男人行为的不满和给予非请求的忠告，而挑起并扩大争论。如果女人不以信任与接受的讯息调和她的消极感受，男人必定也会消极回应，留给女人一大堆迷惑。她同样也不知道她对他的不信任给了他多大的伤害。

为了避免争论，我们必须牢记：男女双方抗拒的不是我们说了什么，而是我们如何说。争论一定要两个人才能引发，但停止争论只需一个人做到即可。

停止争论最好的方法是及时防止问题的发生。当意见不合变成争论时，你可以负起分辨的责任，停止谈话，暂时休息一下，反省自己是如何对待对方的，试着了解你是否没给予对方所需要的，然后，过些时候再回来谈，但要流露出爱心和尊重的态度。

◆ 少一分猜疑，多一分快乐

【大师智慧】

信任不仅仅是一种生活的态度，更是一种智慧。没有信任，就会猜疑，就会自生烦恼。

爱情和婚姻是夫妻双方的事，信任同样也是双方互相的。无论丈夫还是妻子都应该做到：一是要自己忠于爱情；二是一定要有充分的自信心，相信自己有足够的魅力能够吸引对方。

充满信任的家庭，生活才能轻松愉悦；相信对方的忠诚和自己的吸引力，才能带来婚姻的和谐。夫妻永结同心，必须把相互忠实和相互信任结合在一起。

要做到夫妻之间相互爱慕，相互信任，相互间首先要有深刻的理解。作为丈夫或妻子的你，要常常同对方交流感情，有了误会应及时说个明白。其次是要有高尚的情操。爱情和婚姻具有排他的特点，但并不等于自私。忌妒、猜疑都源于自私的阴暗心理。只有把你的爱人作为独立的人来爱，才能获得对方真诚的爱的回报。第三是要建立充分的自信心。只要你的婚姻是自愿的，对方总有所爱的地方和一定的吸引力。就算对方在学识地位上与你有了距离，你也千万不能自卑，而应当充分发挥自己的特长，以完善自我来增加吸引力。人总有长处，只要确信自己也有强于对方的方面，婚姻双方便是平等的、互补的、互相需要的、互相吸引的。

作为丈夫或妻子的你，对配偶的信任要从积极的方面培养和深化，千万别以猜疑而割断对方与外界的交往来消极防范。其实，假如他的心已不属于你，那么，你的担心、猜疑、防范、争吵，又于事何补呢？

爱，是两颗心的碰撞，真诚与丈夫或妻子相爱的人，一定要对自己的婚姻充满信心，一定要同你的爱人心心相印。这是建立幸福美满婚姻的基础。但夫妻间的信任并不是一朝一夕就可以建立起来的。信任不在期待中降临，也不在信誓旦旦中建立，而是在夫妻共同生活的基础上，在彼此占有、彼此理解的基础上，用实际行动培养发展而成的。

现代社会，有许多青年男女，以为领了结婚证书，婚姻就系上了保险带，坐待互相信任的情况出现，这是非常错误的想法。须知恋爱时相互信任的关系，会随着时间的推移而变成不信任的关系。可见，如何建立夫妻间信任，是每一对夫妻要特别注意的一件大事。为此，你必须做到以下三点：

1. 夫妻间的信任应该建立在彼此了解的基础上

不仅婚前的彼此了解对于夫妻间的信任关系的建立很重要，而且结婚以后，夫妻间时时互相倾诉自己的内心感受，谈论工作上的成功和失败，让夫妻双方彼此能及时而正确地掌握对方的脉搏也是十分紧要的。只有彼此完全了解，才能彼此相互容忍、谅解和信任。

2. 夫妻双方应相互诚实，以心换心

诚实是形成夫妻信任的一大要素。现实生活中，我们对诚实的人所做的事情，总是放心的，确信不疑的；相反，对一个虚伪的人，人们就不会轻易地相信他的话和他所做的事情。在夫妻关系中，情况也是这样。

3. 夫妻间应做到言行一致

用诚意的“给予和付出”来建立起夫妻间的信任。

那么，一旦夫妻之间由于某种原因，出现不信任感或信任度降低时，该采取什么态度来对待它呢？

最重要的是夫妻双方要冷静下来。人在猜疑的时候，容易被封闭性的思路所支配，这时冷静克制非常需要，要多设想几个对立面，只要在一个对立面上突破了封闭性思路的循环圈，你的理智就有可能及时得到召唤。俗话说“当事者迷”，有时即使主观上很想理智思考，客观上却很难做到。这时要紧的是应把自己的真实想法及时告诉爱人，只要你诚恳相告，爱人就会从你的一片诚意中看到你对他的信赖。

及时交换意见有许多好处：若是误会，当可及时消除；若是看法不同，通过交流，各自的想法为对方所了解，也有好处；若真的证实猜疑并非无端，那么夫妻间心平气和地讨论，也有希望使事情解决在始发之际。反之，有了猜疑闷在心里，自己越想越气，而爱人却感到莫名其妙，结果不但解决不了问题，还有可能使矛盾进一步扩大甚至激化，最终导致悲剧的发生。

心心相印，相互信任对建立和谐美满的婚姻生活是很重要的。夫妻之间只有“长相知，不相疑”，才能战胜人生道路上的各种艰难险阻，永葆爱情的青春。

◆ 距离适当才不会彼此伤害

【大师智慧】

男女就像冬天相互偎依取暖的刺猬，太近了则互相刺伤，太远了又觉寒冷，夫妻之间只有巧妙地保持一定的距离，那种美丽的吸引，那种幸福的思念，也会随着距离的产生而带给平淡的家庭生活注入新的生机。

生物学家曾做了这样一个实验：把十几只刺猬放到寒冷的户外空地上，为了取暖，它们只好紧紧地靠在一起。但是，相互靠拢后又因为忍受不了彼此身上的长刺，很快又各自分开了。反复几次后，刺猬们终于找到了一个适中的距离，既可以相互取暖，又不至于被彼此刺伤。

人与人之间的交往也向该像刺猬一样保持适当的距离，以保证交往正常地发展下去。因为每个人的观念、文化、知识、性格等方面的差异必然会影响到自身的处世态度和交际方式。就算是恋人，过于亲密时，个性的差异就会明显、突出起来，就免不了会发生碰撞、摩擦。

在爱情里，最讲求的就是“距离美”。恋人之间如果没有找到合适的相处方式，没有保持一定的距离，则往往会想到逃避；而当离开后没有了纷争又丌始想念，继而又聚在了一起。所以说，“亲密无间，疏而不远”的处事方式就显得尤为重要。

一位女士在这方面颇有高招：每隔一段时间找个借口外出一次，人为地制造一个思念的意境。她认为，短暂的小别乃是促进家庭亲密的最佳方式。画家必须在孤独时才能有所创作，小说家在孤独时往往才有灵感，而夫妻在分离时更能体会到婚姻的可贵。

在刚与丈夫结婚的那几年，她也有大多数妻子的那种体验——日子越过越心烦。丈夫身上那些以前被忽视的、不尽人意的东西，越来越让她难以忍受，而自己在丈夫的眼里也变得越来越平淡无奇。虽然还像以前那样做菜，丈夫却非说不如以前可口；虽然还像以前那样收拾房间，丈夫却非说不如以前打扫得干净……

有一次，她因公外出一个月。最初几天，她倒没觉有什么异常感觉，反而感到既清静又轻松。可十天没过，她开始思念起丈夫来，而

且思念得越来越强烈。说起来也奇怪，以前对丈夫的种种抱埋怨此时也被思念冲刷得烟消云散了。想起来的，都是丈夫那神奇的吸引力。她深深体会到了丈夫在自己生活中的价值和地位。

出差期满，她迫不急待地赶回家。出乎意料的是，丈夫看到她，竟像恋爱时那样，扑上来一把搂住她，热烈拥抱亲吻她。丈夫热烈的吻，使她明显地感到，丈夫对她的思念决不亚于她对丈夫的思念。正应了那句老话：“小别胜新婚”。妻子与丈夫离别了一段时间，夫妻间就如磁石的磁性被加强了一样，更有吸引力。在丈夫眼里，妻子变得更加温柔妩媚，做的菜也仿佛更加可口，房间也收拾得仿佛更加整洁了。

在生活中间，妻子长期与丈夫厮守，相互间的新鲜感和神秘感会消失，爱情热度也会降低。聪明的配偶，为了让自己的爱人不断积蓄新的恩爱能量，可以让他（她）停几天“蜜糖”，喝上几天“白开水”，这样他（她）会更珍惜“蜜糖”的甘甜。

成功的婚姻不仅要求夫妻双方相互尊重，保持精神上的独立，而且要求双方在感情上有一定的克制，甚至制造一些条件，使得双方保持一定空间距离和心理距离。

杰西卡的丈夫是一家私营公司的老总，由于工作的原因，他常常会带上公司里的女职员外出陪客户吃饭。每当这个时候，杰西卡的电话就会追踪而至：“你在哪儿?”丈夫如实回答后，杰西卡又会继续问：“怎么那么闹啊?”或者“怎么那么静啊?”

回到家，杰西卡还会在甜言蜜语中寻找他身上的异性动向，一会儿说：“我怎么闻到一股香水味?”一会儿又说：“别动，你头上有根白头发，我给你拔掉!”——其实她是要检查有没有人将口红之类留在丈夫的颈部。

杰西卡的这些小动作怎么逃得过丈夫的眼睛！但他往往假装不

知，好让她在一无所获中安心。一次，丈夫的几个好友劝杰西卡不要过分紧张，她反过来挺认真地拜托他们："我们的孩子还小，你们可要帮我看着他啊。"

经过这样的折腾，杰西卡的丈夫感觉做什么事似乎都在被人盯着，束手束脚，工作每况愈下，甚至连家都不想回。

在现代爱情生活中，亲密不能无间，相爱必须有距。适当地拉开恋人间生活的空间距离和时间距离，变化生活节奏，在一定程度上可以恢复恋爱的那种朦胧美，增加依恋感。

爱是拥有而不是占有，过度的斯守、监督，反而让爱的范围太过狭窄，犹如把感情当成一条绳子，缚得双方都很累，都很痛苦。为爱留点空间，也许你会觉得很难做得到，但这是必须做的。

有些东西，需要放弃，才能得到。善待你的婚姻！给你爱的人足够的自由，给婚姻一个正常、快乐的空间。

◆ 相互尊重是家庭幸福的源泉

【大师智慧】

无用而令人心痛的批评是婚姻幸福的敌手。不要时时处处批评对方，这样不但无法让他（她）改变，反而还会伤害彼此的感情。如果对方确实有错，就委婉地提出，真诚地帮助，以情感人，他（她）一定会很在意你的付出。

女人最大的特点，就是自尊心特别强。女人对自己的弱点会拼命掩饰，不让别人有机会碰触它，所以，要疏远女人，最快的办法就是

伤害她的自尊心。

反过来说，要取悦女人，就须小心防范，避免触及她的弱点。如有办法提高女人的自尊心，那才能让女人乐于与你交往，和你做长久的朋友。所以做丈夫的要牢牢记住，不要伤害太太的自尊心，而且还要想办法提高她的自尊。

男人不要尖酸刻薄，尤其是在自己的妻子面前。在家里，丈夫如果肯花心思去发掘妻子的优点，除了亲近、维护她之外，说出你对她的尊重和感谢，如此就能提高妻子的自信心，并且进而改变她的个性，让她更敬重你、依恋你。

爱华和她的丈夫是一对平凡的夫妇，平常两人都能量入为出地过日子，尽心尽力地维护这个家。可是，不知道为什么两人总是会吵嘴、生气，难道是婚姻出了问题？两个人常常各自反省。

有一天，突然开始发生“不平凡的事”，丈夫不再挑剔她，反而开始夸赞起妻子来：

“谢谢你，爱华，每次拉开柜子的抽屉，我一定能找到我的袜子和内衣裤，谢谢你把家里整理得这么舒适。”

“你这个月记在账簿上的支票号码，几乎完全没有弄错。16 次记对了 15 次，真了不起，谢谢你。”

爱华真怀疑自己是不是听错了，她对丈夫说：“你以前总是怪我记错支票号码，怎么现在不挑剔了？”

“不为什么，我只是要你知道，我感谢你帮我那么多忙。”

隔天，爱华在开支票时，不禁多检查了两遍，以确定自己没有记错号码，她心里也感到奇怪，为什么忽然对支票号码那么在乎？

“爱华，这顿晚饭真好吃，”一天晚上丈夫又说道，“辛苦你了。如果仔细算算，十五年来，你少说也为我和孩子做过一万四千顿饭吧。”接着他又说：“爱华，我们家打扫得好干净，你一定花了很大的工夫。”

他甚至还说：“爱华，你实在好好喔，能跟你在一起，我真的很幸福。”爱华越来越迷惑。

丈夫原来可不是这样的，他挑剔，难伺候，说话尖酸刻薄。

“话中带刺的他到哪里去了?”她在心里嘀咕着。

过不了几个星期，爱华已渐渐习惯了丈夫的全新态度，有时甚至会勉强地回他一声“谢谢你”。

这样的日子过久了，爱华觉得自己的脚步轻快、自信增强，偶尔还会高兴地哼上几首歌。她心想：“老公的新态度实在太令人愉快了。”

有一天，爱华诚挚地开口向丈夫说：“我要谢谢你这么多年来为生活辛苦奔走，养活全家大小，而我却从来没告诉过你，我是多么感谢你。”

无可否认，夫妻亲密归亲密，但是还是得被此尊重，千万不要因为太了解对方、太亲近对方，就随随便便地忘了。即使是夫妻也应该相互尊重，相互以礼相待。尊重是所有感情的基础，也是所有家庭幸福的基础，唯有彼此尊重的日子才能够过得温馨而又愉快。

他与妻子是大学同班同学，他们因爱好诗歌创作而走到一起。夫妻俩如胶似漆，儿子聪明乖巧，家庭可谓幸福美满。可是在婚后的第七年，丈夫因工作关系结识了一位漂亮而精明的女性，双方很快便无法自制，频频约会。在一切都已发生之后，他加倍补偿着自己作为丈夫和父亲的责任。

他给儿子买很多玩具，尽量抽时间陪妻子聊天，但又常常魂不守舍，禁不住想另一个“她”。为此他经常做噩梦，有一天夜里，他梦见她了，他掉进一个深渊之中，呼喊着她的名字，猛地惊醒之后，发现自己已大汗淋漓，妻子正瞪大眼睛看着他。

“我说什么了吗?”他慌乱地问妻子。

“没有。”妻子说。

“我真的什么也没说吗?”

“没有。”妻子说,“快睡吧!”

不久后的一天,他与那个她去看一个画展,出来后她挎着他的胳膊,很亲昵地向前走着。但就在这时,后面一个稚气的声音传来:“爸爸!”

他转身看见了5岁的儿子。但她依然挽着他,她是那种敢做敢为的人。他挣开她去看儿子。

“爸爸,妈妈还一个人在家呢,今天她没上班。”儿子说着扑进他怀里。

他撇开她,带着儿子回家了。他不知道儿子怎么会跑到这条离家较远的街道上来。

他仍然同那个她来往着,而裂痕却在彼此间产生了。她又与某商界男士火热起来。他仿佛一下子跌入了一个很深的梦中,借酒浇愁,有一天竟喝得酩酊大醉,不省人事。醒来后,发现自己正躺在床上,妻子坐在床边,轻轻拭着眼泪。见他醒了,妻子强作欢颜地说:“你终于醒过来了,你已躺了一天一夜了。”他不知说什么好,只是呆呆地望着妻子。

妻子说:“其实你的事,我早知道。”

“什么事?”他问。

“你和她的事呗!”妻子很平静地说,“那次你在梦中呼喊她的名字,我听见了。这几个月你对我和儿子比过去好,但老爱一个人发呆,经常走神,也没了以前的幽默,我就知道有事了,没想到果然事儿就出来了。但我不想和你大吵大闹,我是你妻子,你的性情我知道,你最终会回来的。”

他呜咽起来，不住地说："我对不起你！"

妻子说："我知道你也爱她，她一定很不错，你不会喜欢一个平庸的女人。但外面的女人靠不住，她能跟你，就不能跟其他人吗？你无钱无权，穷诗人一个，凭什么吸引人家？现在，我相信你们已经结束了。我不想找你闹，或许男人有这么一次才有免疫力。不过我要对你说，这样的机会我只能给你一次。"做丈夫的这时还能说什么呢？他热泪盈眶，一把抓过妻子的手说："再也不会有下一次了，请你相信我。"说着，便双膝落地，跪了下去。

"快站起来吧，你这样子，哪像个男人。"妻子说着把泪流满面的他拉起来。他笑了，妻子也笑了，两人禁不住紧紧地拥抱在一起。

这个故事留给我们的启示却是深刻的。爱情若节外生枝，管也没用。不难发现，这里所说的不管丈夫，并不是真的"不管"，而是管的要讲策略，用一颗宽容的爱心将自己的丈夫拴住。这样的女人才是真正聪明的女人。

当然，妻子能不能管住丈夫，仅仅是问题的一个方面。更重要的是提倡夫妇之间的相互理解和沟通，并不断培育彼此的信任和忠诚，从而在相互尊重、人格平等的基础上，真正将对方的心留住，实现婚姻的幸福美满。

夫妻之间有无真正的感情，是婚姻关系发展的基础。男女双方通过合法手续结为夫妻，一个婚姻关系就成立了。这种夫妻关系受法律的保护。他们双方都享受新的权利和义务，那就是双方必须做到相互尊重和信任，相互关心和体谅，相互爱护和帮助，相互扶养，共同生活。正如托尔斯泰所说："家庭成员之间必须互相尊重，而不是互相拴上链子。"

◆ 当心琐事倾翻婚姻之舟

【大师智慧】

在很多婚姻破裂的事件中，并非所有的家庭都是因为一些重大的事件而过不下去，相反，大多数人往往是由于一些小小的事情。

人们往往有这样一个通病，当生活中出现大的危机时，常常能够坦然地面对。但是，却被一些琐事搞得焦头烂额，忧心忡忡。

事实上，经常为一些琐事忧虑和烦恼，其实只不过是我们夸大了那些琐事的重要性而已。

一对曾经让人羡慕不已的恋人，在结婚一年后吵吵闹闹地走上了法庭，要求离婚。朋友、家人都十分惊讶，力图去劝说他们："相恋5年，多少次花前月下，为什么反目成仇呢？"

妻子委屈地说："他曾说爱我一辈子，可是现在他宁肯欣赏那些街上的漂亮女孩，回到家，也懒得看我一眼，还挑三拣四。"其实这位妻子很漂亮，在街上同样有极高的回头率。

丈夫生气地说："你不也一样，在街上、班上都能和颜悦色温柔体贴地对待每个人，回到家里，总是冷着个脸，絮絮叨叨，总是强词夺理，越来越像个泼妇！"

调解员说："你们都希望对方永远爱自己，可是却受不了生活中的平凡琐事，自己反省一下，是否是这样的情形？你们有很深的感情基础，生活应该多制造一些爱的氛围，平凡的生活也有其独特的魅力，试着去寻找吧！"

婚姻永远是由无数个琐碎的细节叠加而成的，所以说琐碎的生活成就了爱情的永远。在琐碎中发现乐趣，在琐碎中互相谅解，这是成功夫妻的宝典。

一位社会学博士生，在写毕业论文时糊涂了，因为他在归纳两份相同性质的材料时，发现结论相互矛盾，一份是杂志社提供的4500份调查表，问的是：什么在维持婚姻中起着决定作用（爱情、孩子、性、收入、其他）？90%的人答的是爱情。可是从法院民事庭提供的资料看，根本不是那么回事，在4500对协议离婚案中，真正因感情彻底破裂而离婚的不到10%，他发现他们大多是被小事分开的。看来真正维持婚姻的不是爱情。

例如第0001号案例：这一对结婚才半年，男的是警察，睡觉时喜欢开窗，女的不喜欢；女的是护士，喜欢每天洗一次澡，男的做不到。两人为此经常闹矛盾，结果协议离婚。

再比如0002号案例：这对离婚者是一对老人，男的是教师，女的是医生。他们离婚的直接原因是：男的嗜烟，女的不习惯；女的是素食主义者，男的受不了。

再比如4500号案例：这对离婚者大学时曾是同学，上学时有3年的恋爱历程，后来在同一个城市生活，他们结婚5年后离异。直接原因是：男的老家是偏僻乡村的，父母身体不好生活需要儿子的接济，大事小事都要靠他，同学朋友的现状都比自己强，可他们一家还过着紧日子，女的心里不顺，经常吵架，结果就分手了。

本来这位博士以为他选择了一个轻松的题目，拿到这些实实在在的资料后，他才发现《爱情与婚姻的辩证关系》是多么难做的一个课题。

他去请教他的指导老师，指导老师说，这方面的问题你最好去请教那些金婚老人，他们才是专家。

于是，他走进大学附近的公园，去结识来此晨练的老人。可是他们的经验之谈令他非常失望，除了宽容、忍让、赏识之类的老调外，在他们身上他也没找出爱情与婚姻的辩证关系。不过在比较中他有一个小小的发现，那就是：有些人在婚姻上的失败，并不是找错了对象，而是从一开始就没弄明白，在选择爱情的同时，也就选择了一种生活方式。就是这种生活方式的小事，决定着婚姻的和谐。有些人没有看到这一点，最后使本来还爱着的两个人走向了分手的边缘。

著名科学家爱因斯坦的两次不同的婚姻为我们提供了很好的参照。爱因斯坦的前妻米列娃因不能容忍丈夫极少的关心与体贴，而只是一味地与原子、分子、空间、时间为伴，便时常与其发生摩擦，而两人的个性都很强，终于分手了。而第二任妻子艾丽莎却是一个体贴入微，知道尊敬与忍让的人，她深知爱因斯坦的脾气，从不干预丈夫的工作，只是帮助爱因斯坦争取每一分钟，让他安心地完成事业。爱因斯坦自己也开始被感动，也在百忙之中抽出时间来陪伴妻子度过美好时光，甚至他在记者招待会上也曾说过：“艾丽莎不懂相对论，但相对论却有她的一份心血。”

的确，夫妻二人不应把许多精力消耗在生活琐事、彼此矛盾、互不相让、解释误会上，而应该注意区分事情的大小，不然便会付出重大代价。这便是一种情感守恒定律。

◆ 宽容你的爱人，会更爱你

【大师智慧】

爱需要一个容器——宽容，用这个容器装烦恼，装忧愁，装矛盾。如果缺少了这个容器，婚姻就会出现危机。

甜蜜的爱情成熟时，热恋的情人便步入婚姻殿堂。初组建家庭的年轻人，你谦我让，相敬如宾，相互体贴，随着时间的推移，夫妻自我的行为渐渐地多了，摩擦当然渐多。考验夫妻感情的时候到来时，和谐愉快的家庭生活愈能显出宽容的魅力。

凯蒂有了外遇，提出和丈夫离婚。丈夫刚开始不同意，但是凯蒂整天吵吵闹闹，无奈之下丈夫只好答应她的要求。不过他却提出了一个要求，在签字之前见见凯蒂的新男友，现在的男友是凯蒂的骄傲，所以她就一口答应了。第二天，凯蒂就领回一个高大英俊的中年男人。凯蒂心里一直打鼓，害怕丈夫见到他之后会忍不住发火甚至报复他。但是丈夫却是很绅士地和他握手，然后说要和他单独谈谈，凯蒂遵从了丈夫的建议。站在门外，凯蒂心里又开始七上八下了，生怕两个男人在屋里打起来。不过事实证明她的担心完全是多余的，几分钟后，两个男人相安无事地走了出来。

送男朋友回家的时候，凯蒂迫不及待地问他：“我丈夫都和你说了些什么啊？是不是说了我很多缺点啊？”话音刚落，男朋友就停下来脚步，有些惋惜地摇摇头说：“你太不了解你丈夫了，就像我不了解你一样！”

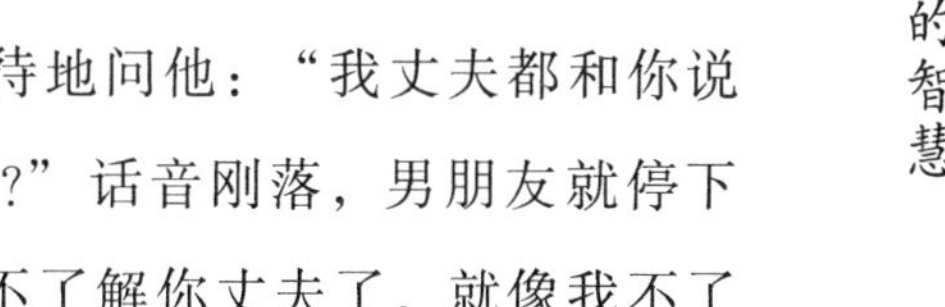

凯蒂一头雾水，连忙解释：“谁说我不了解他啊，他木讷，没有情调，跟家庭保姆一样，一点都不像个男人。”

男朋友语气有点生硬地说：“你如果真的了解他的话，就应该知道他和我说什么了。”

凯蒂越来越想知道丈夫到底说了什么：“他到底说了什么啊？”

“他说我们结婚后，叫我凡事都依你，因为你心脏不好，易暴易怒；还说你肠胃不好，但又爱吃辣椒，嘱咐我让我今后劝你少吃点；让我晚上给你定好闹钟，以免第二天上班迟到。”

听完这些话，凯蒂慢慢低下了头，男友走上前，抚摸着她的头发，语重心长地说：“你丈夫是个好男人，他比我心胸开阔。回去吧，他才是真正值得你托付一生的人，相信世上没有比他更懂得怎么爱你的人了。”说完，男友转身毅然离去。

经过这次事件之后，凯蒂再也没有提过离婚，因为她深深地明白只有与他的婚姻才是最好的天堂，因为没有人比他更舍得宽容。

其实，夫妻之间最重要的相处之道是宽容。适当的迁就，合理的谦让绝对与“牺牲自己的面子和尊严”沾不上边。谁会从不犯错，谁又会没有疏忽的时候？不然，宽容的美德不就成了空中楼阁？夫妻双方要能认同一个事实：两人是截然不同的两个个体，在发生矛盾时要相互宽容忍让，多从对方的角度考虑问题，多沟通，相互关照，如此才会和睦相处。

有一天5岁的儿子随口说了声：“怎么你在家里，凯西阿姨就不来玩了？”“凯西阿姨是谁？”玛丽像是自言自语，在一旁的丈夫神情有点慌乱。玛丽没再追问下去，只是哄着儿子说：“下次我们请凯西阿姨来玩，好吗？”

玛丽是一家报社的记者，经常要出去采访，所以有许多家务便落在了丈夫的头上，尽管他们请了个做钟点工的保姆。玛丽想想自己在外面的辛苦，想想如此信赖的丈夫竟然……整个下午她躺在床上思前想后，伤心极了。

吃过晚饭，玛丽把孩子哄睡了，她偎着丈夫靠在床上，轻轻地说：“我经常外出采访，让你一个人在家带孩子，实在太难为你了。我不在时你肯定好寂寞，就像我孤零零一个人睡在旅馆里一样。现在我靠在你身边才觉得好踏实，没有你的支持，我的工作一天也做不好。”丈夫一声不吭，怜爱地抚摸着玛丽的头。

玛丽轻声问：“我们这个周末一起请她来吃晚饭好吗？”丈夫面有难色。“你还不放心我吗，我不会让你为难的，更不会为难她。”

周末，玛丽又一次亲自下厨。凯西来了，玛丽热情地进行了款待。临走时，玛丽特地让丈夫看孩子，自己独自一人把凯西送下楼，拉着她的手说：“怪我自己太工作狂了。看你这样温柔可爱，不知道哪个小伙子会有福气能娶到你。谢谢你常来我们家陪宝宝玩。好了，不远送你啦，有空欢迎常来玩。”一席话让凯西又是感激又是惭愧。

后来，凯西找了个帅气的男友，他们与玛丽夫妇都成了好朋友。

玛丽得体地解决了这个令别的妻子一筹莫展的难题，家庭重新恢复和睦。

生活中，我们总能听到夫妻双方对彼此的抱怨，怪对方不关心自己，怪对方不够体贴不够温柔……是啊，曾经爱的那么真切，爱得那么义无反顾，对方的缺点在自己看来也是那么神圣，恨不得时时刻刻陪在彼此的身边，眼里除了对方，再也装不下别人。可是，相爱容易相处难，一旦走进婚姻殿堂，真正生活在一起，各种恋爱时没有意识的缺点都会不可阻挡地表现出来，然后诸多的矛盾便会接踵而至，有时候因为一点鸡毛蒜皮的小事都会争得面红耳赤，之前对方的所有优点都会变成一把利刃，深深地刺伤对方。

事实正是如此，在这个世上，没有十全十美的人，也没有十全十

美的婚姻，因为婚姻是两个人的互相结合，然后共同面对更复杂的生活，没有丝毫矛盾的婚姻是不存在的，但如果学会去宽容，则会是另一副幸福的画面。明明深爱着对方，又为什么彼此伤害？芸芸众生能走到一起又何尝不是几辈子修来的缘分呢？如果双方都舍得去宽容，珍惜自己最爱的人，婚姻又怎能不会成为爱情的天堂呢！

◆ 别尝试改造你的伴侣

【大师智慧】

男人与女人因个性的差异或需求的不同，有不同的行为和表现，两人只有相互适应和容忍、慢慢磨合，才能找到生活的平衡点。

改变婚姻最需要的，永远是改变自己，而不是改变对方。倘若能不断肯定对方的长处，不仅可以渐渐地忽略对方的不足，而且也有利于对方扬长避短。

英国大政治家狄斯瑞利说：“我一生或许有过不少错误和愚行。可是我绝对不打算为爱情而结婚。”

是的，他果然是没有。在他三十五岁前没有结婚，后来，他向一个比他年长十五岁的，有钱的寡妇求婚——一个经过五十寒暑，头发灰白的寡妇。

那是爱情吗？不，不是的。她知道他并不爱她，而是为了金钱而娶她。所以这个寡妇只要求了一件事，她请他等一年。她要给自己一个观察他品格的机会。一年终了，她和他结婚了。

这些话听来乏味，平淡无奇，几乎像做一次买卖，可是，使人们难以了解的是，狄斯瑞利的这桩婚姻，却成为被人们称颂的最美满的婚姻之一。

狄斯瑞利所选的这个有钱的寡妇，既不年轻，又不漂亮，是个经过半世纪岁月的妇人；她的谈话，常会犯了文学上、历史事迹上极大的错误，往往成为人们讥笑的对象；她对衣饰装扮，更是离奇古怪，完全离了谱；至于对屋子的陈设，也是一窍不通的。可是，她在对婚姻这件最重要的事情上，却是一位伟大的天才——对待一个男人的艺术。

狄斯瑞利跟这个比他年长的太太一起时，那是他一生最愉快的时候。她是他的贤内助，他的亲信，他的顾问。每天晚上，他从众议院匆匆地回家来，他告诉她白天所看到、所听到的新闻。而最重要的，凡是他努力去做的事，她决不相信他是会失败的。

她从不让自己所想到的，跟丈夫的意见对峙。相反，每当狄斯瑞利跟那些敏锐反应的贵夫人们对答谈话，心疲力竭的回到家里时，她立刻使他有个安静的休息。在这个愉快日增的家庭里，在相敬如宾的气氛中，他有个静心休息的地方。

这个五十岁再结婚的寡妇——玛丽安认为，她的财产所以有价值的原因，那是因为能使他的生活更安逸些。反过来说，她是他心中的一个女英雄。无论她在众人面前所表现的是如何的愚蠢、笨拙，他从来不批评她。他在她面前，从不说出一句责备的话，如果有人嘲笑她时，他会立即为她做出最强烈的辩护。

他们俩之间，有一句笑话，狄斯瑞利曾这样说："你知道，我和你结婚，那仅只是为了你的钱？"玛丽安笑着回答："是的，但如果你再一次向我求婚时，一定是为了爱我，你说对不对？"

狄斯瑞利承认那是对的。

玛丽安并不完美，可是在她人生的后三十年的岁月中，她永远不

会倦于谈论她的丈夫！她称赞他、钦佩他！结果呢？狄斯瑞利说："我们结婚三十年，我从没厌倦过她。"

而狄斯瑞利也认为，玛丽安是他一生中最重要的，那是他毫不隐讳的。结果呢？玛丽安常对她的朋友们说："感谢上帝的慈爱，我的一生，是一连串长久的快乐。"

玛丽安并不完美，可是狄斯瑞利聪明地让她保持原有的她。

著名哲学家贾姆曾这样说过："跟人们交往，第一件应学的事，那是不干涉人们自己原有的那种特殊快乐的方法……"

其实，婚姻的成功，不只是寻找一个适当的人，而是自己该如何做一个适当的人。

◆ 给予家人真诚的欣赏

【大师智慧】

你应让你的妻子或丈夫了解，你的确很欣赏她（他）。这是保持家庭生活幸福，增进双方感情的有效办法。

鲍宾诺，是洛杉矶家庭关系研究会的主任，他曾经作这样的表示：

"大多数的男士们，他们在寻求太太时，不是去寻找一个有经验、才干的女子。而是在找一个长得漂亮，会奉承他的虚荣心，能满足他优越感的女性。

所以就有这样一种情形：当一位任职经理的未婚女性，她被男士邀去一起吃饭时，这位女经理在餐桌上，会很自然的搬出她在最高学府所学到的那些渊博学识来。饭餐过后，这位女经理会坚持要付这笔餐账，结果，她以后就是单独一个人用餐了。

“反过来讲，一个没有进过高等学府的女打字员，被一位男士邀去吃饭时，她会热情的注视着她的男伴，带着真诚仰慕的神情说：‘真的，我太喜欢听了……你再说些关于你自己的事……’结果呢？这位男士会告诉别人说：‘她虽然并不十分美丽，可是我从未遇到过比她更会说话的人了。’”

每一位女士身上都会有各种各样值得男士钦叹、赞美的秉性：美丽、贤淑、温柔、能干、细腻、刚强、善良、理智……做丈夫的要善于发掘自己妻子的特点，及时、毫不吝啬地真诚赞美。随着你的赞美，你妻子这方面的优点必将发挥到极致。

有这样一个愚蠢，而又可笑的故事，相信在现实中是不可能会发生的，然而其中蕴含着真理。

有一个乡下的女子，在一整天劳累的工作后，当快要吃饭的时候，她在丈夫面前放下一大堆的草。丈夫问她是不是疯了？那女人回答说：“哦！我怎么会知道，你们会注意到这些？我替你做饭已经做了二十多年，那么长的时间，我从没有听到一句谢谢的话，我怎么知道你们会不会对草也是不会挑剔的呢？”

同样，下面一个股市也具有异曲同工之妙。

帝俄时代的莫斯科和圣彼得堡，养尊处优的那些贵族们，他们很注重礼貌，似乎已成了那些贵族们的一种习惯。当他们吃过一桌适口的菜后，一定要请主人把厨师叫来外面餐厅，接受他们的赞美。

为什么不用这种同样的方法，在你太太的身上试一试呢？当她把一盘鸡，烧得美味可口时，你告诉她，她把这盘菜烧得如何好，使你吃得非常适口，让她知道你懂得欣赏，你并不是在吃草。

好莱坞著名电影明星埃迪康特的访问记上这样写着：“在全世界所有的人中，我太太对我的帮助最多。当我还是个孩子的时候，她就是我一个青梅竹马的伴侣，她引领我，鼓励我勇往直前。我们结婚后，她把每一块钱节省下来，投资再投资，替我积累了一笔财产。现在我们有五个可爱的孩子……她永远为我布置了一个可爱、甜蜜的家，我如果有任何的成就，那完全要归功于我的太太。”

每个人的自我价值既需要自我肯定，也需要他人的肯定。配偶是一个相守时间最长、最了解、最爱且最依赖自己的人，来自配偶的肯定和赞美会使人的自我价值得到最充分的肯定，从而增加对生活和工作的信心。相反，如果指责多于肯定和赞美，夫妻感情一定会出现麻烦，轻则相互贬斥、争斗，重则导致一方或双方的婚外恋直至离婚。调查表明，一个受到配偶充分肯定和赞美的人，对来自别人的赞美会报以谢意；相反，一个人如果得不到配偶赞美，那么别人的赞美对他或她就具有很大的诱惑。女性尤其如此。

既然人人都很珍爱赞美自己的词句，我们为什么不去掌握赞美的艺术呢？小说家阿诺德·贝内特说过，夫妻之间的礼貌问题一直是导致婚后双方感情破裂的原因之一。这说明肯定和赞美配偶对维持婚姻是相当重要的。如果每天试着对你的妻子或丈夫哪怕只说一句赞美的话，爱情迸发的力量也将会使你大吃一惊。

◆ 多一分付出，少一分抱怨

【大师智慧】

一个能为别人付出的人，一个勇于担当的人，也会因为自己的高尚行为而感到自豪，它也是一种快乐和幸福。

一位古罗马的诗人曾说过：“付出你的爱吧，让它生根、成长，这样你才能收获果实啊！”

在家庭生活中，只要你肯多付出一点，多给予家人一份关爱，幸福就会来到你的身边。你给予家人的幸福和快乐越多，你自己得到的幸福和快乐也就越多；反之，就越少。春播秋收，春华秋实，一分耕耘一分收获，如果选择用爱来对待家人，我们将得到双倍的收获。

有这样一位女士，她愤愤不平地告诉心理学家，她恨透了她的丈夫，因此非离婚不可。

心理学家向她建议：“既然已经走到这个地步，我劝你尽量想办法恭维他、讨好他。当他觉得不能没有你，并且以为你深爱他时，你便断然跟他离婚，让他痛苦不堪。”女士觉得心理学家不愧为智者，给她出的点子蛮新鲜的。

几个月过后，女士又回来找心理学家，说一切都进行得很好。心理学家说：“行了，现在你们可以办理离婚了！”

她说：“什么？离婚，才不呢！现在我从心里爱着我的丈夫了！”

在家庭生活中的你，是否总抱怨自己得到的回报太少？要知道，感情是相互的，单方面要求别人是不合理的，只有双方都付出了，爱情才能长久。然而，很多夫妻在日常生活中并不懂得这一点，创造出一连串有如电话费清单般的冗长抱怨。我们应该注意到一些负面的东西，在心理与情绪上做记号，当它发生作用时，就会影响我们对伴侣的反应。

心理学家陶乐丝·狄克斯认为：“一个男性能否从婚姻中获得幸福，他将要与之结婚的人的脾气和性情，比其他任何事情都更加重要。一个女人即使拥有再多的美德，如果她脾气暴躁又唠叨、挑剔、性格孤僻，那么她所有的美德都等于零。许多男性丧失斗志，放弃了可能成功的机会，就是因为他的伴侣常常给他泼冷水，打击他的每一个想

法和希望。她总是无休止地挑剔，不停地抱怨丈夫，为什么他不能像她认识的某个男性那样会挣钱，或者是他为什么得不到一个好职位。有一个这样的伴侣，男人怎能不变得垂头丧气?”

对于一个男人来说，妻子的挑剔、唠叨给两性关系带来的不幸远远超过奢侈浪费。关于这一点，专家的调研已经证实。著名心理学家刘易斯·特曼博士曾对1500多对夫妇做过详细的研究。结果显示：在丈夫眼里，唠叨、挑剔是妻子最大的缺点。盖洛普民意调查和詹森性情分析——两个著名的研究机构，也对这一结论进行了证实：男人们都把唠叨、挑剔列为女性缺点的首位。

抱怨，是内心缺乏爱和包容的表现，是一种自私的发泄，抱怨者将自己内心产生出来的浊气毫无修养地泼向对方，而不管对方是什么感受。往往抱怨多的人是缺乏自爱和自信的人，他们只会在抱怨和牢骚中求得慰藉。

法国拿破仑三世，也就是拿破仑的侄子，爱上了全世界最美丽的女人特巴女伯爵玛利亚·尤琴，并且准备和她结婚时，他的顾问不同意，因为尤琴的父亲只是西班牙一位地位并不显赫的伯爵。但拿破仑三世反驳说：“那又怎样？她高雅、妩媚、年轻、貌美，她能让我的内心充满了幸福快乐。”在一篇皇家文告中，他激烈地表示他要不顾全国的意见：“我已经选上了一位我所敬爱的女人，”他宣称说，“我从来没有遇见过像她这样的女人!”

拿破仑三世和他的新婚妻子拥有财富、健康、权力、名声、美丽、爱情、尊敬———一切都符合一个十全十美的罗曼史，从来就没有婚姻之圣火会燃烧得那么热烈。然而，这圣火很快就变得摇曳不定，热度也冷却了——只剩下了余烬。拿破仑三世可以使尤琴成为一位皇后；但，不论是他爱的力量也好，他帝王的权力也好，都无法使这位法兰西皇后中止挑剔和唠叨。

她不断地抱怨、嫉妒、疑心，最后竟然藐视拿破仑三世的命令，甚至不给他一点私人的时间；当他处理国家大事的时候，她竟然冲入他的办公室里；当他讨论最重要的事务时，她却干扰不休。她甚至认为，让他单独一个人，他会跟其他的女人亲热。

尤琴还常常跑到她姐姐那里，数落她丈夫的不好，又说又哭，又唠叨，又威胁。有时还不顾一切地冲进他的书房，不停地大声辱骂他。拿破仑三世虽然身为法国皇帝，拥有十几处华丽的皇宫，却找不到一处不受干扰的地方。

尤琴这么做，能够得到些什么？

答案如下：于是拿破仑三世常常在夜间，从一处小侧门溜出去，头上的软帽盖着眼睛，在他的一位亲信陪同之下，真的去找一位等待着他的美丽女人，再不然就出去看看巴黎这个古城，呼吸着本来应该拥有自由的空气。

这就是尤琴抱怨所得到的后果。不错。她是坐在法国皇后的宝座上。不错，她是世界上最美丽的女人。但在唠叨、抱怨的毒害之下，她的尊贵和美丽，并不能保持住她的爱情。尽管她歇斯底里地哭叫着说："我所最怕的事情，终于降临在我身上。"而这厄运之所以降临在她的身上，其实是她自找的，她的结局之所以可怜，一切都是因为她的抱怨和嫉妒所引起的。

婚姻中的抱怨会让我们失去更多。当我们在向对方无休止地抱怨时，就好像是不起眼的水滴正在一点点侵蚀着幸福的岩石——这是"最高明"的杀人不见血的方式。因为与奢侈、浪费、懒惰等行为相比起来，抱怨给家庭带来的伤害会更大。

拿破仑·希尔说过这样一句话："在地狱中，魔鬼为了破坏爱情而发明的一定会成功而恶毒的办法中，抱怨是最厉害的了。它永远不会失败，就像眼镜蛇咬人一样，总是具有破坏性，总是致人于

死命。”

婚姻专家们认为：现代家庭解体的原因之一就是因为一方唠叨、抱怨个不停，而抱怨等于自己给自己的婚姻挖掘坟墓。因此，你要想维护家庭生活的幸福快乐，就一定要丢掉抱怨清单。请记住：多一分付出，少一分抱怨。

第十三章　享受生活，做一个简单的人

◆ 简单是幸福的主旋律

【大师智慧】

真正的幸福是发自内心的，选择一种简单的生活就是挣脱心灵的桎梏，回归真实的自我。

简单生活的意义在于活得有价值，说自己想说的话，想自己想的事，走自己喜欢的路，就算别人说自己又如何？生活中常常感叹自己不幸的人，大多数并不是因为幸运之神从未关照过他，而是因为他的心灵空间塞满了物欲，无法对自己已经拥有的一切感到满足。或许有人看后会惊奇地问："快乐原来如此简单？"对，没错，快乐就是这么简单！

每个人都有自己关于幸福的定义。有一位伟大的文学家曾在自己的小说里这样理解幸福，"幸福就是与一个简单的人一起过一种简单的生活。我们相亲相爱，彼此是对方心中最在乎的人。双方都有自己的事业，白天都在自己上班的地方忙碌。傍晚，我们回到位于郊区的小家，共同分享家的温馨。周六日我们一起去郊游或者到菜市场上与菜贩子讨价还价，准备晚餐。老了后，大家一起在家下下棋，看看报，

早晨一起去晨炼，一起和孩子们聊天……”

生活本来就是没有故事的。正因为平淡，所以才真实。那些海枯石烂、惊天动地、煽情催泪的爱情故事只会出现在电视、电影和文学作品当中。既然是虚拟的东西，本身就与现实生活无关。快乐并非复杂，关键看你怎么对待。

大凡思想复杂的人，是没法活得轻松的；贪名好利的人，心灵是不会自由的。勾心斗角使人心情沉重，物质的劳役则剥夺心灵的洒脱无羁。活得简单也就活得自由，少了许多东西，也就少了许多忙碌；少了物质之累，自然也就少了心灵之累。

在美国政治思想史上，梭罗是一位独特的巨人。他的思想如同他简单而又独特的生活方式一样，在大多数时间中都处于隐遁状态。梭罗对个人自由近乎迷狂的追求，他对社会生活、对国家政治特有的视角，以及由此所采取的个人行为，成为美国自由传统不可缺少的一部分，并对世界产生了深刻的影响。

1837 年梭罗哈佛大学毕业后，他并没有像他的同窗那样去寻奔前程或是疯狂的挣钱，而是独自回到了家乡康科德，在一所私立学校任职。1845 年初春的一天，梭罗借来一把斧子，走进康科德附近瓦尔登湖畔的森林，砍伐木材，开始营造自己的林中小屋，经过四个月愉悦的劳动，花费了总共 28.125 美元，一间别致的小屋建好了（当时在当地一间最普通的房屋起码要花费 800 美元）。在一个清风拂面的夏日，他搬进了这间小屋，对于梭罗来说，一种新生活开始了！在这里他割断了与社会之间大部分无谓的“尘缘”。用 0.27 美元维持一周的生活费用，在一年中以 6 个星期的时间，赚取一年的花销，剩余的 46 个星期，则做他喜欢的事情。总之他以他的行动将圣经上的古训颠倒了过来，他说人在一个星期中应该用一天时间工作，其余六天干自己想做的事情，而不是相反。

他漫步、观察、阅读、写作、沉思，全然出自于自我的喜好，无任何社会的负累。而更重要的是，梭罗在大自然的漫游中，在与大自然如此贴近的生活中，体味到人与自然万物及内蕴神秘精神的和谐，与自然水乳交融之中感悟到生命的本意，并从中获得了一种生命升华的体验："最接近万物乃是创造一切的一股力量！"他使我们有了思想，"我们可以在清醒的状态下，欢喜若狂，只要我们心灵有意识的努力，我们就可以高高地超乎任何行为及后果之上，一切好事坏事，就像奔流一样，从我们身边经过，我们并不完全是纠缠不清在大自然之内的，我可以是急流中一片浮木，也可以是从空中望着下面的曼陀罗。"

为此他找到了属于自己的生活，他是用这样热情洋溢的笔调来描写他的林中生活和感受的："每一个早晨都是一个愉快的邀请，使得我的生活跟大自然自己同样地简单，也许我可以说，同样地纯洁无瑕。我向曙光顶礼，忠诚如同希腊人，我起身很早，在湖中洗涤，这是一个宗教意义的运动，我所做的最好的一件事。在最早的黎明中，我坐着，门窗大开，一只看不到也想像不到的蚊虫在我的房中飞，它那微弱的吟声都能感动我，就像我听到了宣扬美名的金属喇叭声。这是荷马的一首安魂曲，空中的《伊利亚特》和《奥得赛》，歌唱着它的愤怒和漂泊，此中大有宇宙本体之感，宣告着世界的无穷精力与生生不息……"总之，在抛弃尘世，探求与自然接近的体验中，梭罗向我们展示了他快乐并幸福地生活着。

后来他提出的一条著名的格言："简单些，简单些，再简单些！"

其实，简单不代表贫乏，更不代表没有内容，相反简单是追求生活的精粹。简单生活，就是保持一种自由的心态，不给自己的物质生活带来过多负担。过自己想要的生活，同时只去争取自己想要的东西，而不是被这个新事物层出不穷的年代牵着自己的鼻子走。为太多的事物所诱惑，说不清自己想要什么，又好像什么都想要，这样的生活就无法简单起来。

简单，是一种享受，并非全无根据，“简单些，简单些，再简单些。”美国大思想家亨利·大卫·梭罗写道，“我说让你们的事像一、二、三那么简单，而不是一百，一千。”否则，你得到的不是快乐，而是无尽的困惑。

做简单的人，简单即是快乐，这些观念似乎与现代人的追求有些格格不入，但这却是自古至今一些智者的追求，某种程度上，甚至可以说是一种建立在独立人格之上的理想主义者的精神境界。

◆ 人生本无恼，庸人自扰之

【大师智慧】

人们的烦恼往往来自那些不必要的担心和忧虑。而这些不必要的担心和忧虑便成为消磨时间而无所事事的借口。

每个人都曾有过烦恼或正在经历烦恼，事实上，这些烦恼都是我们自找的。一个浮躁的人往往乐于自寻烦恼。你可以寻找甜蜜的爱情，你可以寻找美好的生活，但你决不可以自寻烦恼。

每个人都有七情六欲和喜怒哀乐，烦恼也是人之常情，是人人避免不了的。但是，由于每个人对待烦恼的态度不同，所以烦恼对人的影响也不同，通常人们所说的乐天派与多愁善感型就是显然的区别。乐天派的人一般很少自找烦恼，而且善于淡化烦恼，所以活的轻松，活的潇洒；而多愁善感的人喜欢自找烦恼，一旦有了烦恼，忧愁万千，牵肠挂肚，离不开，扔不掉。

有一个年过35岁，拥有两家业务蒸蒸日上公司的女总经理，她有光滑的脸庞、朴实的穿着、开朗的微笑和温柔的语调，如果不谈公事，她看来顶多像刚入社会的新人。她总是开开心心的，不只是大家愿意和她相处，做生意时也会觉得和她合作很愉快。所以，她们生意愈做愈好。

有人问她："如何青春永驻?"

问的人大约只有20岁，在她的脑袋里，35岁已经是很老很老了。

这位总经理回答："我不知道，大概是因为我没有烦恼吧！从前年轻的时候，常常为鸡毛蒜皮的事烦恼得不得了，连男朋友对我说：喂！你怎么长了颗青春痘，我都会烦恼得睡不着觉，心想：他讲这句话的意思是不是他不爱我了?"她笑着说，"直到……我哥哥去世。"

"我哥哥从小就是个有为的青年，二十多岁就开始创业。他车祸去世前几天，正为公司少了一笔十万元的账烦恼，我哥哥一向不爱看账本，那个月他忽然把会计账本拿出来瞧。管会计的人是他的合伙人，因为这一笔账去路不明，他开始怀疑两个人多年来的合作是否都有被吃账的问题。我嫂嫂说，他开始睡不着，睡不着就开始喝酒，喝酒后就变得烦躁，越烦躁越喝酒。有天晚上应酬后开车回家，发生了车祸，他就走了……他走了之后，我嫂嫂处理他的后事时发现，他的合伙人只不过是把这个公司的十万元挪到别的公司用，不久又挪了回来。没想到我哥哥为了一笔小钱，烦了那么久……"

"通过这件事我明白了一个道理：不要创造烦恼，不要自找麻烦，就以最单纯的态度去应付事情本来的样子。这也许是我不太会长皱纹的原因吧!"

生活中常碰到的一些不如意的事情，仅仅是可能引起烦恼的外部原因之一，烦恼情绪的真正根源，应当从烦恼者的内心去寻找。大部分终日烦恼的人，实际上并不是遭到了多大的个人不幸，而是在自己的内心素质和对生活的认识上，存在着某种缺陷。因此，当

一个人受到烦恼情绪袭扰的时候，就应当问一问自己为什么会烦恼，从内在素质方面找一找烦恼的原因，学会从心理上去适应你周围的环境。

荷马·克罗伊是位写过好几本书的作家。以前他写作的时候，常常被纽约公寓的热水灯的响声吵得快要发疯。蒸气会砰然作响，然后又是一阵吡吡的声音——而他会坐在他的书桌前气得直叫。

“后来，”荷马·克罗伊说，“有一次我和几个朋友一起出去宿营，当我听到木柴烧得很响时，我突然想到：这些声音多像热水灯的响声，为什么我会喜欢这个声音，而讨厌那个声音呢？我回到家以后，跟自己说：‘火堆里木头的爆裂声，是一种很好的声音，热水灯的声音也差不多，我该埋头大睡，不去理会这些噪音。’结果，我果然做到了：头几天我还会注意热水灯的声音，可是不久我就把它们整个忘了。”

“很多其他的小忧虑也是一样，我们不喜欢那些，结果弄得整个人都很颓丧，只不过因为我们都夸张了那些小事的重要性……”

每个人的周遭一定有一些看来像“烦恼制造机”的人，他们总在为不可能发生的事、不足挂齿的小事、事不关己的事烦恼，在日积月累的烦恼中，对别人一个无意的眼神。一句无心的话，都有了疑心病，仿佛在努力地防卫病毒入侵，也防卫了快乐的可能。

烦恼本身是一种对已成事实的盲目的、无用的怨恨和抱憾，除了给自己的心灵以一种自我折磨外，没有任何的积极意义。学会转心而行，烦恼自会消失。心里空净，回复本真，才能实现心体无滞，享受生命的喜悦。

人生的苦乐与美丑，烦恼与忧伤，其实都是我们这颗心所作用出来的，它并不是绝对的。只要我们懂得“转心”，苦也会变成乐；只要我们懂得“转境”，丑小鸭都会变天鹅。

注重结果，更要享受过程

【大师智慧】

人生在世，最主要的是能够自得其乐，快乐只有自己才能体会，是一个只可意会、不可言传的过程。

无一例外，人总是希望成功的，并且在很多情况下，人总是“极度渴望”成功。人们善于观察类似的成功案例，并且很容易看到成功者成功后的光彩。但是，大多数人并不能很清醒地意识到，成功都需要付出极大的努力。

有个人常常自嘲是“倒霉蛋”，因为从小到大，无论朝着哪个目标努力，他都没有成功过。过了几十年被失败陪伴的日子之后，他终于发自心底地感到了上天的不公，于是，他决定去问上帝到底怎样才能成功。

翻山越岭，他来到了一条大河边，见到了一位钓鱼的老者。他走过去问道：“老人家，你知道怎么样才能成功吗？我从来没有享受过成功的滋味，我非常想尝一尝。”老者看了看他，便把手中的鱼竿交给了他。等他钓上来一条鱼时，老者对他说：“每天都能钓到鱼，你就成功了。”

他非常不满意老者给他的答案，于是接着往前走去。又过了一个月，趟过了几条河，他见到了一位正在森林里打猎的中年人，又向他问道：“你能告诉我怎样才能成功吗？”中年猎人摇了摇手中拎着的新鲜猎物：“每天都能捕获野兽，这就是成功。”

依然不满意这个答案的他又向前走去，穿过森林，穿过沙漠，最后终于见到了上帝。

“怎么样才能成功？”他忙不迭地问上帝。

“就像你这样。”上帝给了他一个非常出乎意料的答案。

“我这样？”他迷惑地反问道。

“是啊，”上帝慈爱地回答道，“我的孩子，这一路走来，你见识了无数人与物，无论胸怀、眼光、智慧都大有长进，这就是成功啊！如果仅仅把成功定义为一个结果，你就很难享受到成功的真正滋味，只有把过程化作成功的一部分，你才能时时刻刻享受到成功的滋味啊！”

其实，成功之道蕴藏在生活之中，只要追求成功并努力发现，你一定会成功。不要太重视结果，享受奋斗的过程，这才是成功的生活。

一只狐狸发现了一座葡萄园。它很想过去吃个饱，可是它观察了一圈，发现四周全围着篱笆，只有一个很小的洞口。

狐狸在洞口试了试，发觉那个洞太小了，它根本钻不进去。

于是，它让自己饿了三天，到第四天变得瘦骨嶙峋时，它很轻松地就从那个小洞中钻进了葡萄园。

狐狸放开肚子大吃特吃，饱了就睡，睡醒了就接着吃。终于有一天，它不再想吃葡萄了，于是想离开葡萄园，可是当它来到那个小洞跟前时，发现自己变得太胖了，已经不能从那个小洞中钻出去了。

没办法，狐狸又把自己饿了三天，当它再次变得瘦骨嶙峋时，它钻出了葡萄园。

回头看看这个地方，狐狸自言自语道：“美丽的葡萄园，你的果子多么好吃，你的一切都值得赞美。可是你给了我什么享受呢？谁进去了，都得离开。”

已经尽情享用过甜美果实的狐狸，到最后却哀叹没有得到享受。

拥有健康的心态，你的人生才会充满欢乐。不要对结果太在意，很多时候，享受过程比得到结果更有意义，也更有趣。

结果的成与败，只是一瞬间。如果仅享受结果，人生的快乐与价值将会大打折扣。只有把整个奋斗过程都享受一番，我们才能长久地生活在希望与满足中。而且，过程本身不就是成功的一个组成部分吗？

人生就是一场正在燃烧的大火，一个人能够做到的，也必须去做的，就是尽自己的全部力量从这场火灾中抢救点什么出来。

人生只有一次。不要怀恋过去的荣誉，不要强求未来的成功，而应该珍惜当下的每一天，珍惜每一个奋斗的机会。

◆ 以平静自然的态度对待人生

【大师智慧】

做人，要时刻修炼自己灵魂的花园，要怀抱一颗平常心，要学会放手，学会宽容，懂得感恩；要诚信为人，要保持快乐的心境，做一个具有人格魅力的人。

在社会竞争日益激烈的今天，有一种平和的心态，对身体的健康和事业的成败都是至关重要的。当然，平常心是一种经历挫折和失败，不断奋斗努力才能历练出的人生境界。要想保持平常心，看到别人享受荣华富贵不羡慕；看到别人拥有家财万贯而不嫉妒，珍惜自己目前所拥有的一切。你要不为虚荣所诱；不为权势所惑；不为金钱所动；不为美色所迷；不为一切浮华沉沦。

从精神上摆脱过多的物欲和得失心理，懂得欣赏他人的荣耀，成就和美丽。保持平常心就是对一切身外之物，功名利禄、荣华富贵视

为过眼云烟，保持一颗淡泊、宁静的心。它是人生的一种智慧，更是一种坚持。

利奥·罗斯顿体型很胖，他腰围6.2英尺，体重385磅。他可以算是20世纪30年代美国最胖的好莱坞影星。这种肥胖最终导致他的健康出现了严重的问题。1936年他在英国演出时，突然心脏病发作，被送进汤普森急救中心。医护人员用了当时最好的药，动了当时最先进的设备，仍没有挽留住他的生命。临终前，罗斯顿绝望地喃喃自语："庞大的身躯只能是累赘，生命需要的仅仅是一颗心脏!"

当时在场的人们无不为这句话而感动，更深深触动了哈登院长，作为胸外科专家，他流下了感伤的泪。为了深深地记住罗斯顿对生命的感悟，同时也为了提醒体重超常的人，他让人把罗斯顿的遗言刻在了医院的大楼上。

富裕和肥胖没什么两样，都不过是获得了超过自己需要的东西罢了。太多，就成了累赘，不管是身体本身，还是我们所拥有的诸如财富、名利、地位等，如果一旦超越了生命所能承受的范围，必将成为我们的负担而不是享受。生命需要简化，需要在自然中享受它的美丽，而不是一味让生命超负荷运转。

生命是一个过程，而生活是一条小舟。当我们驾着生活的小舟在生命这条河中款款漂流时，我们的生命乐趣，既来自于与惊涛骇浪的奋勇搏击，也来自于对细波微澜的默默深思；既来自对伟岸高山的深深敬仰，也来自于对草地低谷的切切爱怜。所以我们平常的生命，平常的生活一经升华，就会变得不那么平常起来。因为，生命和生活是美丽的，这种美丽，恰恰蛰伏于最容易被我们忽略的平平常常之中。没有把平常日子过好的人，体味不到人生的幸福，没有珍惜平常的人，不会创造出惊天动地的伟业，因为平常包容着一切，孕育着一切，一切都蕴含在平常之中。

美国教育家杜朗曾叙述他如何寻找幸福。

他先从知识里找幸福，得到的只是幻灭；从旅行里找，得到的只是疲倦；从财富里找，得到的只是争斗与忧愁；从写作中找，得到的只是劳累。

直到有一天，他在火车站看见一辆小汽车里坐着一位年轻妇女，她怀里抱着一个熟睡的婴儿。一位年轻的男子从火车上下来，径直走到汽车旁边。他先吻了一下年轻的妻子，然后，又轻轻地吻了一下婴儿，小心翼翼地动作生怕把婴儿惊醒。然后，这一家人开开心心地开车离去了。

这时杜朗突然发现了什么是真正的幸福。他高兴地松了口气，从此懂得：生活的每一正常活动都带有某种幸福。

幸福是拥有一颗平常心去做人做事。学会从生活中的每一个角落发现乐趣和意义，不要太刻意地去寻找，否则永远得不到圆满的答案。

保持平常心是人生的一种境界，平常心不是平庸，它是源于对现实清醒的认识，是来自灵魂深处的表白。人生在世，不见得权倾四方和威风八面，也就是说最舒心的享受不一定是物欲的满足，而是性情的恬淡和安然。

在生活中随缘而安，纵然身处逆境，仍从容自若，以超然的心情看待苦乐年华，以平常的心境迎接一切挑战。平常心是一种人生的美丽，非淡泊无以明志，非宁静无以致远。不做作，不虚饰，洒脱适意，襟怀豁然，平常心不仅给予你一双潇洒和洞穿世事的眼睛，同时也使你拥有一个坦然充实的人生。

◆ 善待自己，品味生活中的每一天

【大师智慧】

拥有从容，才能善待自己，善待生活，善待人生，善待生命。

在今天这个物质文明高度发达的社会，竞争激烈，生活节奏加快，人们每天都绷紧着自己的神经，不敢有一刻的松懈，偶尔的出去游玩竟也成了奢望，我们仿佛活在真空里，生活的压力快要使我们窒息。虽然我们已经拥有更美好的生活，但这种美好似乎又不属于我们，因为我们已经不清楚生活是我们的奴隶还是我们是生活的奴隶。

其实，只要我们稍微懂得自我解压，在努力工作的同时，学会享受生活，寻找乐趣，该放松就放松、该休息就休息，学会调节——调节自己压力、调节紧张的情绪，那么很多时候我们还是可以摆脱被压力奴役的命运。

一个美国商人曾经在墨西哥海边一个小渔村的码头上，看到一个墨西哥渔夫的小船上有好几条大黄鳍鲔鱼。这个美国商人对这个渔夫能抓这么高档的鱼恭维了一番，并问要多长时间才能抓这么多。渔夫说，不一会儿工夫就抓到了。美国商人再问："那你为什么不再多抓一会，这样你就能抓更多的鱼?"

渔夫很不以为然地说："这些鱼已经足够我一家人吃了!"

美国商人又问："那么你一天剩下来的时间都在干什么，会很无聊吧?"

渔夫很惊讶："不会啊，我每天都会睡到自然醒，然后出海抓几条鱼，回来就跟孩子们玩耍，中午就睡个午觉，到了晚上就到村子里喝点小酒，跟朋友们玩玩吉他、唱唱歌、跳跳舞，怎么会无聊呢，我的日子过得充实又忙碌！”

美国商人给这个渔夫出了一个主意说：“我是美国哈佛大学企管硕士，我想我可以帮你的忙。你每天应该多花一些时间去抓鱼，你就会有更多的收入，到时候你就会有足够的钱去买条大一点的船，这样你自然就可以抓更多鱼，然后再买更多渔船，到最后你肯定能拥有一个渔船队。到那时候你就不必把鱼卖给鱼贩子了，而是直接卖给加工厂，这样你就能挣更多的钱去开一家罐头工厂。并且你还可以到墨西哥城，或者洛杉矶，甚至到纽约，在那里扩充企业。”

渔夫笑了笑问：“这要花多少时间呢？”

美国商人回答：“十五到二十年。”

“然后呢？”

美国商人大笑着说：“然后你就可以在家享福啦！只要你愿意，你就可以宣布股票上市，把你的公司股份卖给投资大众。那时候你就发财啦！”

“然后呢？”

美国商人说：“到那个时候你就可以退休啦！你可以搬到海边的小渔村去住。每天睡到自然醒，出海随便抓几条鱼，跟孩子们玩一玩，再睡个午觉，黄昏时，晃到村子里喝点小酒，跟朋友们玩玩吉他！”

墨西哥渔夫疑惑地说：“我现在不就是这样子吗？”

一个会享受生活的人，他的心态肯定也是积极的，这样的人总能对人生表现出一种自信，一种生命力，并吸引着财富、成功、幸福、快乐和健康。对于一个喜好逃避生活的人，总是怀有一种消极的心态，具有“求败性格”，表现悲观、恐惧、麻木、脆弱。这种心态是心灵的疾病和垃圾，它排斥财富、成功、幸福、快乐和健康。

试问，怀有这样心态的人，怎么才能感受到生活的温暖？何谈活得好？所以，心态不仅是可以让我们活得好的素质，也是能力，更是生产力。

生命是一个奇迹，从宇宙中来，再回到宇宙中去。每个生命都是独一无二的，都是上天独特的恩赐，我们没有理由不接纳自己。虽然我们拥有的不多，没有令人艳羡的可人头衔，也没有万贯资财，但是我们拥有一种积极向上的情绪，保持一份平和达观的心态，像欣赏一幅风景画一样欣赏姹紫嫣红浓淡迥异的人生乐章，用心体会每一个细节每一个瞬间流溢的快乐年华，这就足够了。

享受生活，认真对待每一天，是心灵上的休息和调适。人的潜意识里都有着展示自己暴露自己的欲望，可是生命的底蕴和玄机，不但他人无法彻底了解，就是自己也未必真正熟悉和把握，倘使内心世界多一些上善若水的源泉和动力，更多的赏心悦目就会进入我们的视野，愉悦我们灰色的天空和暗淡的心灵。花开时，敞开双臂感受春的温暖，不要拒绝蜂蝶的吸吮和顽童的采摘；花落时，别在意风采的流逝和路人无情的眼神，从此觉得自己有所归属，并不感到孤单。即使只能做一片绿叶，也要安心地成长，默默地进行光合作用，悄悄地把氧气释放人间，在润养自己的同时供应万物营养。因为你为他人付出的越多，你的内心就越富足，生活就越坦荡越充实。

人最重要的是好好活着，每时每刻都感觉心灵的快乐，并对自身意义给予综合评价和总体肯定，热烈地拥抱生命中每一次晨曦每一次日暮，自然随意地品读眼前每一分每一秒的感动，带上一缕馨香一丝慰藉，享受最淳朴的清净与和谐。有了享受生活的能力，也就收获了快乐的人生。

附录

◆ 卡耐基生平

卡耐基（Carnegie，D. 1888 年 11 月 24 日 – 1955 年 11 月 1 日），被誉为是 20 世纪最伟大的心灵导师和成功学大师，美国现代成人教育之父，美国著名的人际关系学大师，西方现代人际关系教育的奠基人。

卡耐基一生结过两次婚。他的第一任夫人，是法国的一位女伯爵，1921 年与他结婚，十年后离异。他的第二任夫人姚乐丝·卡耐基于 1944 年和他结婚，是他的门徒和事业的继承人，并给他生了一个孩，取名丹娜。

卡耐基是一位质朴而谦诚的人。他热情、友善，忠诚；并且具有坚强的信念、充沛的精力和对理想执着追求的毅力。他出生于美国密苏里州一个贫穷的农民家里。他的父亲是一个勤勉的农夫，他的母亲是一个虔诚的教徒，婚前她曾做过教员。卡耐基的童年和其他美国中西部农家的男孩子一样，帮助家里做杂事、赶牛、挤牛奶；还一度为人摘草莓，割野草，一小时赚五美分。在那个没有农业机械的年代，他和父亲一起做着繁重的农活。可是年年河水泛滥，冲毁庄稼，往往使他们一年的辛劳付诸东流，全家人过着贫困的生活。

如果说，卡耐基的童年和密苏里州农家男孩子有什么不同的话，那就是受到他母亲的很大影响。他母亲鼓励他读书，希望他将来做一

名传教士，或做一名教员。但是，家境的贫困，使年轻的卡耐基必须为受教育而努力奋斗。1904 年，卡耐基高中毕业后就读于密苏里州华伦斯堡州立师范学院。这个时候，他的家已把原来的农场卖掉，迁到华伦斯堡师范学院附近。卡耐基负担不起市镇上的生活费用，就住在农场的家里，每天骑马到学校去上课，是全校六百名学生中五六个住不起市镇的学生之一。在家里，他挤牛奶，伐木，喂猪，在煤油灯下刻苦读书，有点中国古训标榜的那样：头悬梁，锥刺股。他虽然得到全额奖学金，但还必须参加各种工作，以赚取必要的学习费用。这使他感到羞耻，形成了一种自卑的心理。因而，他想寻求出人头地的捷径。在学校里，具有特殊影响和名望的人，一个是棒球球员，一个是那些辩论和演讲获胜的人。他知道自己没有运动员的才华，就决心在演讲比赛上获胜。他花了几个月的时间练习演讲，但一次又一次地失败了。失败带给他的失望和灰心，甚至使他想到自杀。然而第二年里，他开始获胜了。

他原先的目标，是想在学校里获得学位，毕业后回到家乡的学校里去教书。但在快毕业的那年里，他发现同班的一个同学在暑假为国际函授学校推销函授课，每周所得的钱，比他父亲的辛勤所得还高出四倍。因此，他在 1908 年毕业后，便赶到国际函授学校总部所在地的丹佛市，受雇做了一名推销员。后来他又到南奥马哈，为阿摩尔公司贩卖火腿、肥皂和猪油。他的这个推销工作虽然很成功，但在 1911 年，他却到纽约《美国戏剧艺术学院》学习演戏。一年以后，他感到自己并不具备演戏的天才，于是又回到推销的行业里，为一家汽车公司当推销员。

但这些工作都不合他的理想。他为没有实现在大学里梦想写小说，不能成就一番伟业而苦恼。他认为他应该过有意义的生活，这比赚钱更重要。他决心白天写书，晚间去夜校教书，以赚取生活费。他想为夜校教公开演讲课，因为他认为，大学时代他在公开演说方面受过训练，有所经验。这些训练和经验，扫除了他的怯懦和自卑，让他有勇气和信心跟人打交道，增长了做人处世的才能。于是他说服了纽约一个基督教青年会的会长，同意他晚间为商业界人士开设一个公开演讲班。从此，他开始了为之奋斗一生的成人教育事业。

戴尔·卡耐基利用大量普通人不断努力取得成功的故事，通过演讲和著书唤起无数陷入迷惘者的斗志，激励他们取得辉煌的成功。其在 1936 年出版的著作《人性的弱点》，70 年来始终被西方世界视为社交技巧的圣经之一。他并在 1912 年创立卡耐基训练班，以教导人们人际沟通及处理压力的技巧。

◆ 卡耐基著作

卡耐基一生写了不少文章，登载在报刊杂志上，并开播了自己的无线电广播节目，谈了很多著名人物鲜为人知的一面。

卡耐基的著作，都不是单纯地为了出版才撰写的，而是由凝结了卡耐基成人教育成果的讲义、教材逐步丰富、发展成书的，并且成书之后，不仅成为畅销书，又以教材的形式，丰富和发展了卡耐基成人教育的内容。

卡耐基的代表著作：

《人性的优点》

是卡耐基教授写的一本关于如何克服忧虑的书。此书对他对自己的原著作原义进行了深入阐述，它对于开阔我们的视野，战胜自身的忧虑，特别是克服封闭式的人性弱点，将有宝贵的启示和借鉴作用。

《人性的弱点》

是卡耐基教授写的一本关于改善人际关系、教人做人处世艺术的

书。它对于开阔我们的视野，改善我们的人际关系，将有借鉴意义。

《积极的人生》

本书阐述了卡耐基教授用来丰富生活的理论、原则和做法，它对于开阔我们的视野，如何应用做人处世的法则，来征服畏惧、培养自信、传达热忱、改善人际关系、激发人的潜能、使人走向积极的人生，将有宝贵的启示和借鉴作用。

《伟大的人物》

是卡耐基教授在搜集、研究和整理世界57个古今伟人、名人资料的基础上写成的。本书记述了这些伟人、名人、奇人在人生事业上的成功之路上的艰苦跋涉、成就伟业的生动事例和鲜为人知的奇闻轶事。

《成功的12种方法》

是卡耐基哲学思想和教育体系的集大成。它是卡耐基教授一生的经验总结出的确确实实地对大家有用的十二把打开成功之门的钥匙。

《成功交际法则》

是卡耐基教授写的关于成功交际法则的书。它对于开阔我们的视野，促进我们的成功交际，特别是克服封闭式的人性弱点，将有宝贵的启示和借鉴作用。

《成功之道全书》

是卡耐基哲学思想和成功学教育体系的总结。它是卡耐基教授一生的成功经验的汇总。

《语言的突破》

是一本要人们克服畏惧、建立自信，更有效地说话的书，它对于开阔我们的视野，顺乎自然地发挥自己的潜在智能，在各种场合下发表恰当的谈话，博得赞誉，获得成功，将有宝贵的启示和借鉴作用。

《写给女人》

是卡耐基夫人根据她多年工作的体会，以其女性独有的视角与聪慧，专门写给妇女的生活教科学。它对于开阔我们的视野，特别是对于克服封闭的人性弱点，将有宝贵的启示和借鉴作用。这是一部女性缔造成熟之爱、获取人生幸福的经典之作。

《快乐的人生》

此书是《人性的优点》续集。该书的前三部分，阐述了要想得到快乐就必须“培养快乐的心理”、“不为别人的批评而不快乐”、“支配你的工作和金钱”；第四部分则由几十位名人现身说法，讲述自己如何得到快乐的经历。总之，这是一本引导人们踏上快乐人生的书。

《沟通口才艺术与处世智慧》

本书是卡耐基出版的第一部成功学著作，它教给人们怎样克服畏惧，建立自信，怎样实现良好的人际关系的沟通，怎样顺乎自然地发挥自己的最大潜能。

上述这些著作，是卡耐基成人教育实践的结晶，也是卡耐基哲学思想的集中体现，一直畅销不衰。它们和卡耐基的成人教育相辅相成，改变了传统的成人教育方式，影响了千百万人的生活，也使卡耐基本人享誉世界，由一个贫民之子，成为本世纪的名人和富翁。